사
소
한

것
들
의

구
원

여기 실린 글들은 2016년 여름부터 2018년 봄까지 약 2년 동안 『동아일보』에 연재되었던 칼럼을 수정·보완한 것입니다. 일간지에 '철학하기'라는 표제로 장기 연재한 독특한 경우였지요. 그래서 에세이의 격을 지닌 칼럼이 되도록 노력했던 기억이 납니다. 우리 역사에서 매우 중요한 시기로 기록될 2016~2018년의 세태와 사건들 또한 글의 소재로 삼고 있지만, 그 주제는 우리 삶의 어느 경우에도 적용될 수 있는 보편적인 것들입니다.

사
소
한

것
들
의

구
원

미학하는 사람
김용석의
하루의 사고

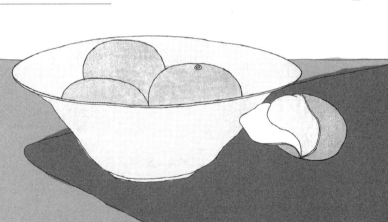

"삶이란,
우리가 할 수 있는 일을
하는 것입니다"

천년의상상

지 은 이 의 말

우리가 일상에서 만나는 것들은 사소한 것들입니다. 대상 자체가 보잘것없는 것일 수도 있고, 큰 사건에 담긴 미미한 측면일 수도 있습니다. 그러나 사소한 것들은 우리가 사소하게 대할 뿐 사소하지 않습니다. 그들은 관심을 받을 가치가 있으며 진지한 사고의 대상이 될 자격이 있습니다. 그들이 곧 '삶의 정곡'일 경우가 많기 때문입니다. 본디 과녁의 한가운데는 작은 점일 뿐입니다.

사소한 것들은 깨달음의 실마리입니다. 그들은 우리 주위에 상존합니다. 우리 삶의 감수성이 그들을 포착하는 것입니다. 그러기 위해서는 모든 감각을 활짝 열어놓는 것으로 일단 충분합니다.

감각은 세상의 소리, 빛, 냄새, 맛, 접촉에 마음을 담아 반응합니다. 우연히 조우한 대상도 기꺼이 받아들입니다. 경이로움으로 가득한 세상을 분주히 인식합니다.

감각은 하나의 대상에서도 여러 가지 의미를 뽑아낼 수 있는 가능성의 통로입니다. 감각이 제공하는 정보들은 사유의 밑거름입니다. 하나의 작은 사건에 대해 생각해보려고 애쓴 흔적들은 삶의 다른 여러 문제들을 이해하는 데 도움이 됩니다. 그러면 삶이 흥미진진하고 세상이 아름다워집니다. 깨달음은 미적 환희를 동반하기 때문입니다.

이 작은 책은 이런 경험을 나누기 위한 것입니다. 수없이 스쳐 지나가는 일상의 장면들에서 구해낸 작고도 큰 '삶의 참뜻'을 함께 음미하고자 합니다.

차 례

2부 감수성 있는 과정은 언제나 의미 있는 무엇

1부

격정 말아요,

시작하는 동물

우리는 그저 스스로 피어나면 됩니다

꽃이 피고 있습니다. 한때는 꽃들이 순서에 따라 피었습니다. 매화가 피고 개나리가 피면 곧 진달래가 필 것을 기다렸고, 진달래가 질 때쯤이면 벚꽃이 피고 지고 이어서 철쭉의 개화를 기다렸습니다. 꽃이 피는 순서에 따라 봄의 이야기가 이어졌습니다. '봄의 서사'가 있었던 겁니다. 피는 꽃 하나하나가 자연이 우리에게 선사하는 '미의 형식'이라면, 요즘은 자연의 예술에 서사 없는 형식이 난무하는 듯합니다.

지구의 기후변화에 꽃들이 점점 더 혼미해진 모양입니다. 그래도 꽃들은 성실하게 자연이 자신들에게 부여한 의무를 다하고 있습니다. 순서 없이 모두 함께 피다 보니 꽃들이 동시에 자신을 드러내기 위해 경쟁을 합니다. 다른 꽃들을 시샘하여 자신을 더욱 뽐내기 위해 애쓰는 것 같습니다.

꽃들이 서로 경쟁적으로 피는 것을 보면, 꽃들은 시샘도 참 잘한다는 생각이 듭니다. 서로 남보다 낫게 피려고 다툴 뿐이기 때문입니다. 맞서 애를 쓸 뿐이기 때문입니다. 꽃들이 이렇게 애 쓰기 때문에 봄의 산천은 온통 성실한 에너지로 가득합니다. 성실한 만큼 꽃들의 시샘은 건강합니다. 남이 잘되는 것을 부러워하다 공연히 미워하게 되고, 그러다가 자신을 돌보지 못하는 것이 아니기 때문입니다.

어떤 꽃들은 '어서 나도 아름답게 피어야지' 하고 서두르기도 하며, 서두르다가 때를 앞질러 피어나 궂은 날씨에 손해를 좀 보는 일도 있습니다. 그래도 남을 괜히 싫어하지 않습니다. 미워하지도 않습니다. 미워해서 꾸미는 음모도 없습니다. 그저 자신의 개화에 열중할 뿐입니다. 꽃들이 시샘해서 하는 일이라곤 자신의 성장뿐입니다. 자신의 능력을 보여주는 것뿐입니다. 꽃들은 자기 성숙으로 경쟁합니다.

그런데 우리 인간은 어떠한가요. 시기심은 인간의 본성이라고도 합니다. 하지만 사람들이 남을 시기하는 방식들은 건강함과는 거리가 먼 것 같습니다. 그래서 세상을 성실한 에너지로 가득 채우는 것이 아니라, 소모적 경쟁의 찌꺼기로 오염시키는 경우가 적지 않은 것 같습니다.

인간의 시기는 남보다 낫게 되려고 맞서 애쓰기보다는 종종 '어떻게 하면 남을 깎아내릴까' 하는 마음에서 상호 소모적이 됩니다. 긍정적이기보다는 부정적입니다. 남이 잘되는 것을 부러워하다가 그것이 지독한 증오가 되기도 합니다. 남에게 지기 싫어하는 것까지는 좋으나, 맞서 노력하는 게 아니라 음모를 꾸미기도 합니다.

'시기심 가득한 사람은 물기는 잘해도 먹을 줄은 모른다'는 말이 있습니다. 남을 해치기는 하지만 자신의 건강을 위해서는 아무것도 안 한다는 말이지요. 이런 시기심은 자신의 성장을 위한 영양분을 공급하지 못합니다. 이런 시기심은 꽃들의 건강한 시샘과는 반대의 결과를 가져옵니다.

더구나 시기심이 개인의 차원에서 사회·정치적 차원으로 이전되면 문제는 심각해집니다. 서로 능력을 겨루는 것이 아니라, 남을 음모하고 깎아내리는 '시기심의 전략화'가 일반화할 수 있기 때문입니다. 이런 사회와 정치는 건강하지 못합니다.

시기심은 공동체 건강의 중요 척도일지 모릅니다. 공동체의 고혈압 지수라고 할 수도 있습니다. 혈압을 정상으로 유지하는 방법은 적절한 운동이라고 합니다. 때에 따라 혈압이 높아지지 않을 수 없는 것처럼, 시기심이 생기지 않을 수는 없겠지요. 하지만 운동을 해서 혈압을 조절하듯, 자기 능력을 키워 시기심을 건강한 시샘으로 만들어야 합니다. 이것이 이 화려한 봄날 경쟁적으로 피어나는 꽃들로부터 배울 수 있는 삶의 지혜가 아닐까요.

조 심 하 며 산 다 는 것 , 마 음 을 쓴 다 는 것

"사람이 온다는 건 / 실은 어마어마한 일이다." 정현종 시인은 「방문객」이란 시를 이렇게 시작합니다. 방문객은 "그의 과거와 / 현재와 / 그리고 / 그의 미래와 함께 오기 때문"에, 곧 "한 사람의 일생이 오기 때문"에 어마어마한 일이라는 겁니다. 그의 일생에서 "부서지기 쉬운 / 그래서 부서지기도 했을 / 마음이 오는 것"이기 때문에 어마어마하다는 겁니다.

'찾아오는 사람'과 그를 어떻게 '맞아야' 할지에 관한 삶의 지혜는 고대로부터 중요한 가르침입니다. 하지만 이 시는 방문과 환대를 노래하고 있지만은 않습니다. 사람이 온다는 것은 만나러 온다는 것 아니겠습니까. 시「방문객」은 인생의 통찰력으로 사람과 사람의 만남이 갖는 의미를 전하고 있는 것 같습니다.

사람과 사람이 만난다는 것은 실로 어마어마한 일입니다. 사람을 만나는 순간 그 사람의 현재와 마주하는 것이지만, 만남의 순간들은 그 사람의 과거와 미래를 이어가며 진행합니다. 무엇보다도 모든 만남의 결과로 사람들의 미래에는 변화가 옵니다.

그래서 사실 모든 만남은 전인격적인 만남입니다. 곧 사랑에 빠질 수 있는 사람 사이의 만남 또는 영원히 지속될 우정의 만남만이 그런 것이 아닙니다. 우리가 일상에서 큰 의미 없이 만나는 것 같은 사람들 사이에서도 그렇습니다. 가정, 이웃, 학교, 직장뿐만 아니라, 상거래에서 만나는 사람, 서비스를 주고받을 때 대하는 사람들과의 만남에도 전인격적 대면의 의미는 항상 잠재해 있습니다.

그렇기 때문에 어떤 만남에 작은 손상이라도 온다면, 사람의 인격에도 그만큼의 손상이 옵니다. 만남은 손상되고 부패하며 파괴되기도 합니다. 그만큼 인격도 손상되고 부패하며 파괴됩니다. 일상의 만남에서 상대에 가한 '작은 타격'은 인생의 '큰 충격'이 되기도 합니다. 사람의 마음은 박하사탕처럼 부서지기 쉽기 때문이지요.

　노골적인 모욕은 말할 것도 없고요, 상대를 은근히 무시하는 태도와 언사에 잠재한 차별과 멸시의 의도는 큰 상처를 주지요. 우리는 심술이 가득 밴 농담을 주고받으며 그것이 상대에게 오랫동안 삶의 흉터가 될 수 있음을 종종 잊습니다. 특히 신체적 약점에 대한 농담은 오래 남지요. 더구나 자신의 울화를 해소하기 위한 막말은 폭력적이어서 정신적 외상을 주기까지 합니다. 그래서 어떤 사람의 허물을 타박하거나 면박할 때에도 조심해야 하는 것이지요. 이때 조심操心한다는 건 소극적인 태도가 아니라 남에게 '마음을 쓴다'는 의미에서 오히려 조용한 적극성을 뜻합니다.

　하물며 지독한 폭력이 개입하는 만남은 어마어마한 결과를 초래하지 않겠습니까. 그런데 안타깝게도 최근 우리나라에서 일어나는 사건들은 사람 사이의 만남을 파괴하는 일들로 점철되어 있습니다. '갑질'이라는 별칭을 얻은 폭력 행위들, 성적 착취를 위한 모든 남용과 폭력들이 그렇습니다.

　이런 '파괴의 만남'은 한 사람의 인생에 '결정적 사건'이 됩니다. 한 사람의 인생을 칼날처럼 끊고 들어오는 사건, 곧 단절의 사건이 됩니다. 인생은 사건들의 연속으로 되어 있는 것처럼 보입니다. 하지만 파괴의 만남을 경험한 사람들에게 인생은 '한 사건의 여파'들로 되어 있습니다. 남은 인생 전체가 어느 순간 삶에 단절로 개입하는 한 사건에 의해 엄청난 영향을 받기 때문입니다.

사람을 만난다는 건 그의 미래와 만난다는 것이기도 합니다. 도덕적 타임머신을 타는 것이니 어마어마한 일이지요. 우리가 인생을 성찰하고 타인에게 마음을 쓰며 사는 이유 또한 여기에 있습니다. 만남이 인생을 파괴할 수 있는 경우의 수를 줄이기 위한 것입니다. 그만큼 인생은 누구에게나 어마어마하게 소중한 것이니까요.

혐오는 '맛'이 '칼'이 되는 겁니다

최근 몇 년 사이 사용 빈도가 아주 많아진 단어가 있습니다. 혐오라는 말이 그것입니다. 오늘날 이 단어의 사용은 사회적, 정치적, 법적, 윤리적 차원에까지 널리 퍼져 있습니다. 그만큼 혐오 현상에 대해서는 다각적인 접근이 필요합니다.

우선 간단하지만 본질적인 접근을 하면, 혐오는 감각적 의미를 지닌 말이라는 것에 주목할 필요가 있습니다. 다시 말해 우리의 감각이 거부감을 느끼는 것들을 정의하는 단어입니다. 배설물이 그 대표적 대상입니다. 우리는 시각적으로든 후각적으로든 그것을 싫어하고 거부합니다. 동물의 사체나 상처의 고름도 우리의 오감은 아주 싫어합니다. 손톱으로 유리창을 빡빡 긁으면 청각이 그것을 혐오합니다. 아주 쓴 것은 미각이 거부합니다. 흐물흐물하거나 징그럽게 꿈틀거리는 대상은 촉각이 경계합니다.

혐오가 본질적으로 감각적 차원의 개념이라는 것은 이 말의 영어 표현 disgust를 보면 더욱 분명해집니다. 맛gust을 부정하는 의미를 품고 있기 때문입니다. 속된 말로 '밥맛 떨어진다'는 뜻을 지니고 있습니다.

이렇듯 혐오의 감정은 일차적으로 우리의 감각이 거부하는 것들과 밀접합니다. 그 가운데는 배설물이나 부패된 음식물처럼 사람들이 공통적으로 혐오하는 것도 있고, 각 개인에 따라 개별적으로 싫어하는 것도 있습니다. 어떤 사람은 마늘 냄새를 아주 싫어하지만, 또 다른 사람은 마늘 향이 나는 음식을 아주 좋아하기도 합니다.

이런 일차적 혐오감은 대상에 대해 즉각적이고 주관적입니다. 그런데 오늘날 우리는 종종 사회적 소수자나 정치적으로 의견을 달리하는 사람들이나 문화적 성향이 다른 사람들을 대하는 경우에도 혐오의 현상을 관찰하게 됩니다. 이들에 대한 비판의 저변에 혐오감이 깔려 있으며 그것을 굳이 감추지 않고 오히려 공격적으로 드러내는 경향까지 볼 수 있습니다.

비판은 성찰적이며 객관적이고 합리적이어야 합니다. 그런데 감각적 거부감, 즉 혐오감이 바로 상대에 대한 비판의 근거가 된다는 것은 무엇을 말할까요. 그것은 감각과 비판 사이에 사고의 과정이 생략되었다는 것을 의미합니다. 다시 말해, 싫다고 느낀 것을 사유의 여과 없이 비판의 이유로 적용하는 것입니다. 이는 일찍이 소크라테스가 경고했던 '숙고하지 않는 삶'이 일상을 지배하고 있다는 뜻입니다. 그렇게 함으로써 감각적 인지가 곧바로 윤리적 판단이 되고 정치적 이념이 되는 것입니다. 속된 말로 똥을 보고 느낀 역한 감정의 방식대로 인간과 인간 공동체를 대하는 것입니다.

이렇게 되면 비판은 그 본연의 역할을 잃고 경멸, 모욕, 증오, 저주가 됩니다. 저주는 남에게 재앙이나 불행이 일어나도록 빌고 바라는 행위입니다. 그러므로 주술적 속성을 지닌 행위입니다. 혐오의 감정이 극단에 이르면 비합리적 주술성을 띠는 이유도 여기 있습니다.

혐오에 대해 깊이 연구했던 마사 누스바움도 혐오에는 자신이 거부하는 더러운 오염 물질로부터 '전염될 수 있다는 신비적

우려'가 수반되며 자신은 순수하고 완벽할 수 있다는 '전형적으로 비합리적인 열망'이 잠재한다고 했습니다. 그래서 혐오스러운 것을 자신에게서 멀리 떨어뜨리고 구별하려는 태도로 이어집니다. 혐오는 자신을 오염시킬 수 있는 것에 대한 거부의 표현이며, 혐오의 대상은 오염 물질로 여겨지므로 즉각 사라져버리길 강력히 바라게 됩니다.

이는 카를 포퍼가 "마술적 사회나 부족사회, 혹은 집단주의적 사회는 닫힌사회"라 부르고, 각 개인의 이성적 비판이 자유롭게 허용되는 사회를 열린사회라고 불렀던 것과 일맥상통합니다. 감각적 인지에 대한 절대 믿음과 그것을 주술화하는 과정이 닫힌사회를 만듭니다. 상대를 거부하는 '혐오의 전쟁'은 닫힌사회들 사이에서 벌어지는 것입니다. 혐오 표현이 우리라는 집단과 타자를 분명히 갈라서 내적 결속을 다지는 데에 활용되고, 혐오 감정이 정치·사회적으로 타자를 배척하는 데 악용되며, 나아가 오염을 일으키는 존재의 제거라는 도취된 환상 속에서 타자에 대한 공격성이 강화되는 것입니다. 혐오감을 활용하는 논쟁은 '전쟁의 양상'을 띨 수밖에 없습니다.

걱정 말아요, 시작하는 동물

인간은 '시작하는 동물'입니다. 다른 동물들도 마찬가지라고 할지 모르겠습니다. 다른 동물들도 태어나서 삶을 시작합니다. 그러나 특별한 시기를 정해서 또는 어떤 때를 기회 삼아 뭔가 새로이 시작하지는 않습니다. 하지만 인간은 별나게도 새로 시작하는 게 많습니다.

신년 벽두에도 우리는 뭔가 새로이 시작했습니다. 새로운 계획을 세우고 새로운 다짐을 했지요. 이럴 때면 상기하는 금언이 있습니다. '시작이 반‡이다.' 일단 시작하는 것이 중요하다는 뜻입니다. 또한 잘 시작하면 반쯤 성공이라는 의미이기도 합니다.

시작이 반이라면, 나머지 반은 무엇일까요. 끝 또는 마무리라고 합니다. 무슨 일에서든 일의 시작과 함께 일의 끝을 맺는 마무리가 중요합니다. 그러나 시작된 일이 끝에 이르려면 '과정'이 필요합니다. 시작과 마무리 사이에는 과정이 있습니다.

과정은 시작이나 끝과는 달리 별로 매력적이지 않은 것 같습니다. 별 의미를 부여받지 못한 채 스쳐 지나가기 십상입니다. 사람들은 한 해의 마지막 날과 새해의 첫날에 특별한 의미를 부여하지만 한 해를 메우는 수많은 날은 별로 주목하지 않습니다.

그러나 과정이 시작을 끝에 이어주지 못하면 그 시작은 없는 것과 같습니다. 시작은 아무것도 아닐 수 있는 거지요. 여기에 이른바 '작심삼일'의 경고가 있는 겁니다. 끝이 좋아야 모든 것이 좋다는 말이 있습니다. 하지만 끝은 시작과 과정이 있어야 존재합니다. 그래서 끝 또한 아무것도 아닐 수 있습니다.

과정은 어떤 일의 반을 차지하는 것도 모든 것도 아니지만, '언제나 의미 있는 무엇'일 수 있습니다. 모든 일의 완성은 과정의 필연적 결과입니다. 우연히 시작할 수 있지만 우연히 지속되는 과정은 없습니다. 과정이 중요한 이유는 무엇보다도 반성과 수정의 가능성 때문입니다. '첫 단추를 잘 끼워야 한다'는 금언이 있습니다. 역시 시작의 중요성을 강조하는 말이지요. 하지만 첫 단추를 잘못 끼워도 과정에서 반성이 있으면 다시 잘 맞춰 끼워갈 수 있습니다.

반면 과정이 부실할 때, 잘못 끼운 첫 단추는 마지막에 이르기까지 고칠 수 없게 됩니다. 마지막에 단추가 하나 남거나 아니면 단춧구멍이 하나 남게 되는 '마무리 불가'의 상황은 첫 단추 끼우기의 실수에만 기인하지 않지요. 과정에서 잘못을 발견하지 못하거나 수정하지 않기 때문입니다. 반면 과정에 충실하면 다음 단추를 끼울 때 잘못을 반성하고 수정하면서 훌륭한 마무리를 할 수 있습니다.

사람들은 종종 작심삼일의 덫에 걸리곤 합니다. 싱겁게 끝나는 '일상의 촌극' 때문에 남들에게 멋쩍고 자신에게 미안해지곤 합니다. 하지만 마음먹고 나서 실행 삼일 만에 끝난 계획이라면 계획 자체가 잘못됐을 가능성이 높습니다. 계획에 욕심이 너무 많이 들어가 있기 때문일지도 모릅니다. 그런 계획이라면 후회할 게 아니라 잊는 게 좋습니다. 다시 제대로 잘 시작하면 됩니다. 또한 주위에서는 일상의 실패 드라마를 겪고 의기소침해 있는 사람을 놀리지 말아야겠지요. 오히려 '걱정 말아요, 시작하는 동물'이라고 유머러스하게 위로하고 격려해야 하지 않을까요.

'작심삼주'라면 어떨까요. 한 3주 정도 실행한 계획이라면 위기를 맞아도 성찰하고 수정하면서 앞으로 나아갈 수 있습니다. 실제로 일상생활에서 계획을 실행한 지 3~4주 정도라면 반성하고 수정하기에 적기입니다. 아니 그렇게 할 필요가 있습니다. 이런 점에서 과정의 중요성에 초점을 맞춘 '작심삼주'의 원칙은 매우 실용적입니다. 계획 자체에 무리가 없는지, 지속 가능한지, 효율적인지 저울질해보는 것은 계획을 실행하는 과정 전체에 균형을 잡아주기 때문에 중요합니다. 모든 일에서 균형을 감지하는 일은 삶의 지혜와 밀접합니다. 진정한 노력은 '하면 된다'라는 의지의 표현에 머무는 게 아니라, '이렇게 하면 계속 더 잘할 수 있다'라는 지혜의 표현이어야 합니다.

한 해를 시작하면서, 한 주를 시작하면서, 또한 하루를 시작하면서 우리는 새로운 다짐을 합니다. 시작은 감정적이고 충동적일 수 있지만 성실한 과정은 시작의 의지에 성찰을 얹어줍니다. 과정은 시작한 일을 완성에 이르도록 하는 경로입니다. 과정이 곧 삶의 길이요, 도道인 것이지요. 과정을 위해 노력하는 것, 그것이 곧 '일상생활에서 도 닦기'입니다.

지구는 상심했다

"사과한알이떨어졌다. 지구는부서질정도로아팠다."

이상李箱의 시 「최후」의 첫 행입니다. 뉴턴의 만유인력의 법칙과 함께 등장한 근대 과학의 충격을 묘사했다는 평을 받습니다. 하지만 그런 문명사적 맥락 없이도 이 한 구절은 대단합니다. 무엇보다도 물질적 자연에 대한 시인의 감수성이 신선한 충격을 줍니다. 광물로 가득하다는 지구가 감각과 감정의 생명체로 살아 있는 듯합니다.

지구 자연이 이렇게 감성이 풍부하다면 인간에 대한 배려와 연민도 가질 법합니다. 하지만 자연은 인간에 대해 대체로 무심無

心한 것 같습니다. 과학적 자연사에 따르면 지구는 인류가 탄생하기 훨씬 전부터 지진과 화산 폭발로 에너지를 분출해왔습니다. 인류의 역사가 시작한 이래 지난 수백만 년 동안 사람들에게 그것은 '무심한 자연재해'였습니다.

하지만 무심한 자연재해가 인류에겐 변화와 변혁의 계기가 되기도 합니다. 지진의 역사에서 '1755년 리스본 대지진'은 빠지지 않고 거론되어왔습니다. 2011년 동일본 대지진 때도 다시금 조명되었지요. 그것은 당시 서구인의 종교관과 세계관을 뿌리째 바꾸어놓은 대재앙이었습니다. 이를 계기로 세상의 의미를 근본적으로 다시 인식했던 볼테르와 루소의 '사상적 대전환'도 많이 회자되었습니다.

그러나 이 사건의 실용적인 의미가 더 중요할 것 같습니다. '삶을 위해 우리가 할 수 있는 일을 하는 것'을 실용적이라고 정의한다면, 지진 연구를 위한 철학자 칸트의 기여 또한 소중합니다. 칸트는 당시 대지진을 신의 응징이 아니라 과학적으로 설명하려는 논문을 발표했습니다. 그의 이론은 지금의 과학으로 볼 때 맞지 않는 부분도 있지만, 그것을 계기로 지진학이란 학문 분야가 시작되었다고 할 수 있습니다. 인류가 무심한 자연재해를 가능한

한 합리적으로 대비하기 시작한 것이지요.

　리스본 지진이 일어났던 역사적 시점도 의미 있는 것 같습니다. 산업혁명의 여명기였던 18세기 중반 이후의 지진은 무심한 자연재해 때문만은 아닌 것 같기 때문입니다. 자연에 대한 인류 문명의 영향으로 인해 지구에 커다란 변화와 사건들이 일어날 수 있기 때문입니다.

　예를 들면, 석유·가스 같은 자원 채굴, 지열발전 등 다양한 목적으로 지층에 구멍을 뚫는 시추 작업들이 지진을 유발할 수도 있습니다. 최근에는 기후변화와 지구온난화가 지진과 연관이 있다는 학설도 나왔습니다. 빙하가 녹으면서 해수면이 상승하면 지구의 텍토닉 플레이트tectonic plate, 즉 판상板狀을 이루어 움직이고 있는 지각의 표층에 대한 압력 균형이 깨져 지진의 빈도를 높일 수 있다고 합니다. 땅 위에서 일어나는 일이 땅 밑에도 영향을 주는 것이지요.

　이는 과다한 인간의 활동이 무심한 지구를 유심有心하게 만드는 것이라고 상징적으로 표현할 수 있습니다. 지구의 마음을 상하게 하고 아프게 한다고 할 수도 있지요. 과학적 엄밀성의 관점에서 비판을 받고 있는 '가이아 이론'에 따르면 지구는 원래 '유심한 유기체'였는지도 모르지요.

중요한 것은 무심한 자연재해에 '대비'하듯이 유심해진 지구에 대해서는 '조심操心'해야 한다는 사실입니다. 대비든 조심이든 안전을 위한 것입니다. 대비는 인간에게 초점이 맞추어져 있고, 조심은 '자연의 안전'을 먼저 생각하는 것입니다. 자연에 좀 더 '마음을 쓰는' 것입니다. 지구의 아픔을 느끼는 시인의 감수성을 갖고 자연을 대하는 것입니다.

응답하지 않을 권리

디지털 문화가 빠른 속도로 확산되기 시작한 1990년대 말에서 2000년대 초에 사람들은 유행처럼 '느림의 미덕'을 추구하기도 했습니다. 그 후로 20년 가까이 흐른 지금 스마트한 디지털 기기와 함께 즐겁고 다양한 활동을 즐기던 사람들은 이제 '아무것도 하지 않는 순간'을 찾고 있습니다. '멍 때리기', 이것이 요즘 유행입니다.

'멍 때리기 대회'까지 열리고 있습니다. 대회의 규칙은 아무것도 하지 않는 상태를 오래 유지하는 것이라고 합니다. 대회가 진행되는 동안 참가자들에게는 몇 가지 활동이 금지됩니다. 그 첫 번째가 '스마트폰 확인'입니다. 의미심장합니다. 그 밖에 잡담, 노래와 춤, 웃음 등이 금지됩니다.

멍 때리기에 대해서는 고대로부터 철학자들도 관심을 가져왔습니다. 아리스토텔레스에 의하면, 신神은 부동의 쾌락을 즐기는 존재입니다. 신적 쾌락은 움직임이 아니라 '부동의 정적靜寂' 속에 있습니다. 그래서 인간은 가끔 명상이나 면벽수도 등으로 신적 쾌락을 모방하며, 영적 고양을 시도하기도 합니다. 하지만 일상에서 보통 사람들의 쾌락은 활발히 움직이는 데에 있음을 부정할 수 없습니다. 이는 노래 부르고 춤추거나 운동을 하거나 온갖 게임을 즐기는 것을 보아도 알 수 있습니다.

『명상록』을 쓴 파스칼도 인간의 활동성에 주목하면 인간을 잘 이해할 수 있다고 했습니다. "인간이 하는 행동들은 모두 일일이 살펴보지 않더라도 심심풀이의 개념으로 충분히 이해할 수 있다." 파스칼이 사용한 오락 또는 심심풀이의 뜻을 지닌 프랑스어 '디베르티스망divertissement'은 오늘날 국제어가 된 '엔터테인먼트'에 해당됩니다. 파스칼은 "인간은 소란스러움과 활동을 좋아하기" 때문에 "감옥살이가 매우 두려운 형벌이 된다"라고 냉소적으로 말하기도 했습니다. 인간은 진심으로 휴식을 원한다고 말하지만, 사실 활동을 추구하고 있다고 비판하기도 했습니다. 오늘날의 레저 활동을 미리 내다보고 비판하는 듯합니다. 결론적으로 파스칼은 "인간의 모든 불행은 단 하나, 가만히 있을 줄 모르는 데서" 나온다고 했습니다.

특히 디지털 시대에 인간의 오감은 다양하고도 잘(?) 조직된 문화적 자극에 쉴 새가 별로 없는 것 같습니다. 오감은 중요합니다. 나이가 들면 퇴행성 변화에 가장 먼저 노출되는 기관들이기 때문입니다. 지금 우리는 인간 자신의 탈진脫盡을 향해 가고 있는 지도 모릅니다. 앞으로 인류 역사의 주요 이슈가 '자연의 소진'에서 '인간의 탈진'으로 이동할지 모릅니다. 산업사회에서 인간의 실존적 문제가 '소유냐, 존재냐'라는 물음에 담겨 있었다면, 디지털 사회의 실존성은 '활동인가, 존재인가'라는 물음에 담겨 있는 것 같습니다.

멍 때리기는 인간 활동의 임계점에서 우리의 존재 의미를 찾고자 하는 시도인 것 같습니다. 한때 인터넷상에서 '잊혀질 권리'를 찾았듯이 이제 '가만히 있을 권리'를 찾고 있습니다. 하지만 이 권리는 누가 보장해주지 않습니다. 각자 '내가 찾아야' 합니다. '나를 찾는' 일이기 때문입니다.

그 구체적 실천은 일상적으로 해야 합니다. 그것은 이른바 초연결 사회에서 외부의 자극과 부름에 일일이 응답하지 않는 데에 있습니다. 거절의 지혜와 기술을 발휘하는 데에 있습니다. 남들이 다 한다고 따라 하지 않는 데에 있습니다. 그래서 가만히 있을 권리를 찾는 일은 '개성 있는 사람이 되는 길'이기도 합니다. 삶의 멋은 여기에 있습니다. 그것은 일상의 행복을 맛보는 길이기도 합니다.

아르고스와 오디세우스의 관계를 넘어서

아르고스는 호메로스의 서사시 『오디세이아』에 등장하는 개입니다. 트로이아 전쟁에 출정한 오디세우스는 20년 만에 귀향합니다. 거지 행색인 그를 아무도 알아보지 못하지요. 한때 속력과 용맹에서 따라올 개가 없었던 아르고스만이 그를 알아봅니다. 변장한 집주인을 대번에 알아보고 꼬리를 치지만 다가갈 힘조차 없을 만큼 노쇠한 아르고스, 주인을 다시 본 순간 숨을 거둡니다. 오디세우스도 남몰래 눈물을 훔치지요. 아르고스는 수천 년 동안 충견의 상징이었습니다. 서양에서 개는 '사람에게 최고의 친구Man's best friend'라는 말을 낳게 한 이른바 반려견伴侶犬의 원조이기도 합니다.

　그런데 요즘 우리나라에서 반려동물, 특히 반려견 때문에 생기는 사회적 갈등이 만만치 않은 것 같습니다. 며칠 전에도 그 때문에 다툼이 생긴 이웃을 보았습니다. 아파트 주위의 산책로를 걷고 있는데, 70세쯤 되어 보이는 부인과 하얗고 예쁜 강아지를 데리고 있는 20대 여성이 싸우고 있었습니다. 이유인즉슨 산책 중 강아지가 갑자기 짖는 바람에 부인이 너무 놀라 심장까지 벌렁댔다는 겁니다. "개 교육 좀 잘 시키라!"에 "목줄까지 했는데 뭐가 잘못이냐!"라는 대꾸까지 오가며 상황이 좀 험악해진 듯했습니다.

　타원형의 산책로를 한 바퀴 돌아오다가 좀 전의 그 강아지와 주인을 다시 만났습니다. 그냥 지나칠 것 같았는데, 강아지가 갑자기 "왈왈!" 짖어댔습니다. 주인은 당황해서 개를 나무랐고 저는 깜짝 놀랐지만 괜찮다는 손짓을 했습니다. 그들을 지나쳐 걸으면서 '몸 상태가 좋지 않거나 심약한 사람들에겐 이런 상황도 문제가 될 수 있겠구나' 하는 생각이 들었습니다.

　반려동물 전문가에 따르면 우리는 지금 반려견 400만 마리, 반려인 1000만 시대에 살고 있습니다. 그는 "대한민국에서 반려견이라는 말이 애완견이라는 말을 몰아내고 인생을 함께하는 개를 의미하는 단어가 되었다"라고 말합니다. 그러고 보니 이제 애완동물이라는 말은 거의 쓰지 않는 것 같습니다. 애완에서 반려로 시민들의 의식이 빠르게 발전해온 거지요.

애완에서 반려로의 의식 이동은 패러다임 전환이라고 할 만합니다. 그런데 의식에 행동이 따라가고 있는지는 의문입니다. 애완愛玩이란 말에는 한자에서 알 수 있듯이 '아끼고 사랑하며 장난감처럼 가지고 놀다'라는 뜻이 담겨 있습니다. 반려는 '함께하는 동무'라는 뜻입니다. 애완이 일방적이라면 반려는 상호적입니다.

사람과 애완동물의 관계는 사적 관리의 차원에 있지만, 그 관계가 반려동물의 차원으로 가면 공적 책임이 부상합니다. 애완은 소유의 개념에 근거하지만 반려는 보호의 개념에 근거합니다. 사람은 애완견의 주인owner이지만 반려견의 보호자guardian입니다. 애완은 개인적이지만 반려는 공동체적입니다.

이제 반려동물이라는 개념의 핵심에 도달한 것 같습니다. 동물이 한 개인의 소유에 머물지 않고 공동체의 구성원이 된다는 것은 무슨 의미일까요. 애완동물은 주인의 펫pet에 머물지만, 반려동물은 같은 집에 사는 사람의 반려companion일 뿐 아니라 사회 공동체를 구성하는 다른 사람들에게도 반려 또는 동무가 될 수 있어야 한다는 뜻입니다.

이렇게 되도록 노력할 때 우리는 행동이 따라가지 않는 '허위 의식'의 기만을 피할 수 있습니다. 애완 대신에 반려라는 말만 가식적으로 늘어놓는 게 아니라 그 말의 의미를 현실에서 구체적으로 실천하는 방법들을 찾을 수 있습니다.

사라짐을 향한 예찬

봄꽃들이 지고 있습니다. 꽃은 피었다 싶으면 지는 것 같습니다. 그래서 사람들은 '꽃이 피고 진다'라고 탄생과 소멸의 의미를 이어서 표현하기도 합니다. 벚꽃잎들은 눈송이처럼 날립니다. 무정한 바람에 흩날리는 꽃잎들을 보면 가슴이 뭉클해집니다. 갈 곳없이 소실되는 꽃잎들은 정작으로 고와서 서럽습니다. "꽃이 지는 아침은 / 울고 싶어라." 조지훈 시인의 마음에 공감하지 않을 수 없습니다.

자연의 변화에 둔감해진 현대의 도시민들도 피고 지는 꽃들 앞에선 무심할 수 없습니다. 19세기 후반 예술지상주의를 내세웠던 도시의 탐미주의자들은 자연모방이 아니라 자연을 수정하고 변형해서 탄생시키는 미美의 개념을 전개했습니다. 예술적인, 곧 인공적인 삶의 환경에 집착했던 탐미주의자들의 작업에서 자연은 부정되고 소외되었습니다.

하지만 자연의 대상 중에서도 꽃만은 예외였습니다. 아니 탐미주의자들은 오히려 자연 상태의 꽃 그 자체에 대한 강박관념에 사로잡히기까지 했습니다. 우리는 그 이유가 꽃에 스며들어 있는 연약함과 쇠락décadence의 느낌, 삶에서 죽음으로의 빠른 이행 때문이라는 것을 알아차릴 수 있습니다. 그것은 곧 탐미주의자들의 데카당스한 감수성에 상응하는 것이었지요.

탄생과 소멸을 동시에 품고 있는 듯한 꽃의 삶은 그 자체로 존재의 모순을 담고 있습니다. 거역하고 싶지만 거역할 수 없는 한계, 그 모순은 해소되는 것이 아니라 모든 존재가 안고 가야 하는 것입니다. 그래서 바람에 날리는 꽃잎들의 화려함은 비극적입니다. 비극의 미학은 우리에게 한계에 대한 인식을 일깨워줍니다. 감히 모순을 포용하게 합니다. 젊은 날 이형기 시인이 '낙화落花'를 보며 단호히 읊었듯이 말입니다.

"가야 할 때가 언제인가를 / 분명히 알고 가는 이의 / 뒷모습은 얼마나 아름다운가. …… 분분한 낙화…… / 결별이 이룩하는 축복에 싸여 / 지금은 가야 할 때, …… 헤어지자 / 섬세한 손길을 흔들며 / 하롱하롱 꽃잎이 지는 어느 날." 그래서 우리의 영혼은 시인의 말처럼 "슬픈 눈"을 갖고 있지만 "샘터에 물 고이듯 성숙하는" 것인지 모르겠습니다. 카를 야스퍼스는 비극적인 것에 대한 직관적 인식은 그 자체로 비극적인 것으로부터 해방의 가능성을 구체화하는 것이라고 했습니다. 그러므로 비극은 삶의 덧없음을 단순히 슬퍼하고 절망하는 것이 아니라 삶을 근본적이고 포괄적으로 통찰하게 하는 암호입니다.

우주적 상상력이 풍부했던 작가 올라프 스테이플던은 인류 진화의 거시적 차원에서 다른 행성에 거주하게 될 먼 미래의 후손들을 매우 역설적으로 묘사하기도 했습니다. 인류의 가상적 후손들은 진화의 어느 단계에서 영생immortality을 얻게 됩니다. 하지만 그것이 재앙을 가져올 수 있다는 것을 알게 된 다음에는 오히려 짧은 생명과 존재의 비극성을 가장 가치 있는 것으로 여기는 종교의 형태 또는 예술적 창조물을 갖게 됩니다. 곧 '단명 숭배cult of evanescence' 또는 '소실에 대한 예찬'을 지고의 가치로 삼게 됩니다. 또한 그것이 미학적으로 '예기치 않았던 아름다움'이며 '우주의 고귀함'을 품고 있다는 것을 깨닫게 됩니다.

지금 우리의 상식으로는 섬뜩하기까지 한 상상이지요. 하지만 이 별난 '컬트'의 역할이 무엇인지 잘 보면 이 역설적 상상의 진의를 포착할 수 있습니다. 그것은 무조건 일찍 소멸하기 위해서가 아니라, '정신을 새롭게 하기' 위해서, 또한 '삶의 생기를 되찾게 하기' 위해서 창안한 것입니다.

그러나 이 봄날 다정다감하게 자연을 관조하는 사람에게는 이런 별난 컬트가 굳이 필요할 것 같지 않습니다. 낙화의 '비극적 기품'이 탄생과 소멸의 은밀한 암호를 사색할 기회를 주기 때문입니다. 그것이 우리의 정신을 새롭게 하고 삶의 생기를 되찾게 할 것이기 때문입니다. 모든 꽃들이 다 진 다음에도 사색의 기운으로 우리 스스로 우주의 향기가 되게 할 것이기 때문입니다.

2017년, 정부가 내수 활성화를 위해 '프리미엄 프라이데이'를 추
진하겠다는 계획을 내놓았습니다. 이 방안에 따르면 '건전한 여가
문화'를 활성화하고 일·가정 양립을 위해 매월 1회 금요일을 '가
족과 함께하는 날'로 지정한다는 것입니다. 이렇게 함으로써 침체
된 소비 심리가 회복되기를 기대한다고 했습니다.

　　이에 '건전한 여가 문화'가 무엇인지 되새겨봅니다. 나아가 여
가의 의미에 대해 다각적으로 성찰하게 됩니다. 사전은 여가란
'일이 없어 남는 시간'이라고 정의하고 있습니다. 구체적으로는
'먹고 자는 것처럼 생명 유지를 위해 필요한 활동과 직업상의 노

동이나 필수적인 가사 활동같이 일상적 스트레스를 주는 의무적인 일들로부터 자유로운 시간'이라고 합니다.

어떤 사람은 여가란 '아무것도 안 하는 상태'라는 주장도 합니다. 하지만 이는 일반인들이 일상에서 실천하기 쉽지 않을 것 같습니다. 아리스토텔레스도 신神만이 '부동의 쾌락'을 완벽히 즐길 수 있다고 했지요. 사람은 움직여야 즐거울 경우가 많습니다. 이는 노래 부르고, 춤을 추며, 놀이하고, 운동하는 것을 보아도 알 수 있습니다.

현실에서 여가는 결국 '여가 선용'의 문제인 것 같습니다. 어떤 부담도 없는 완전 무위無爲의 상태까지는 아닐지라도 최대한 홀가분할 때 사람들은 자율적으로 여가를 좋은 데에 쓰려고 할 것입니다. 홀가분한 상태에 있다는 것은 자신에 대한 집착으로부터도 자유롭다는 뜻입니다. 사람은 홀가분할 때 자신에서 벗어나 주위를 둘러보게 됩니다. 즉 개인의 이해득실로부터 자유로운 순간을 맛보게 됩니다. 주위를 둘러보면 다른 사람들이 보이게 됩니다. 평소 보지 못했던 세상을 보게 됩니다. 세상을 좀 더 넓고 깊게 보게 됩니다.

바로 이 점에 사람들이 흔히 놓치는 여가의 특별한 의미가 있으며, 이에 대해 고대로부터 철학자들은 숙고해왔습니다. 일상에 여가의 시간이 있어야 '나 혼자만의 삶'에서 '함께하는 삶'으로 시선을 돌릴 수 있다는 것입니다. 다시 말해, 사람들은 일상의 여러 짐들로부터 홀가분해질 때 '어떻게 함께 잘 살 수 있을까'에 대해 생각하게 됩니다.

이는 16세기에 이상 사회를 설파한 토머스 모어의 『유토피아』에서도 핵심적인 주제였습니다. 유토피아에서는 하루 6시간 노동합니다. 오전 3시간 일하고, 정오가 되면 점심을 먹고, 점심 후에 2시간 쉬고 나서 다시 3시간 일합니다. 그 이후에도 충분한 여가 시간이 있습니다. 여가에 유토피아 사람들은 무엇을 할까요. 물론 다양한 놀이를 즐깁니다. 이와 함께 '정신적 자유와 교양의 함양'에 여가를 할애합니다. 자유로운 교양의 함양을 통해 '함께 잘 살 수 있는 삶'에 대한 성찰을 하게 됩니다. 이상적인 나라에서 일어나는 일이라고요. 물론입니다. 하지만 이상을 향해 걷지 않으면 현실은 개선되지 않습니다.

여가 선용은 우리를 개인에서 시민이 되게 합니다. 현실 정치가였던 벤저민 디즈레일리가 레저는 '문명화의 기제civilizer'라고 한 것도 개인이 시민으로 성숙해가는 데 여가의 역할이 중요함을 말한 것입니다. 역사를 더 거슬러 올라가 성 아우구스티누스가 '성스러운 여가otium sanctum'를 강조한 것도 그것이 '함께하는 삶'의 깊은 의미를 천착하는 데 필요하기 때문입니다.

프리미엄 프라이데이에 가족과 함께 소비 활동을 하는 것도 공동체에 보탬이 될 겁니다. 더 중요한 것은 시민사회의 성숙을 위해 '홀가분한 주말이 있는 삶'을 보장하는 근본적이고 지속적인 대책이 아닐까요.

사 랑 하 라 ,   한   번 도   상 처   주 지   않 을   것 처 럼

시인들은 삶에 지친 사람들에게 위안의 언어를 선사합니다. 저 유명한 푸시킨의 시구가 그렇습니다. "삶이 그대를 속일지라도 슬퍼하거나 노하지 말라." 인간관계에서 상처 입은 사람들에게는 앨프리드 더수자의 시구가 위무와 격려를 보냅니다. "사랑하라, 한 번도 상처받지 않은 것처럼."

그러나 위로의 순간들이 지나면, 앞으로 어떻게 살아가야 할지 고민하는 시간이 필요합니다. 곧, 사색의 시간이 필요합니다. 삶에 고통과 상처를 남기는 말과 행동들에 대해서 깊이 성찰해야 합니다. 철학자 아도르노가 말했듯이 고통을 직시하고자 하는 필요성이 진실의 조건이니까요.

비뚤어진 인간관계 속에서 상처받으며 살아온 사람에게 "한 번도 상처받지 않은 것처럼" 사랑하라고 북돋는 말은 오히려 무겁게 느껴집니다. 상처받은 사람을 내모는 듯해서 또 다른 억압으로 느껴진다면 과언일까요? 더수자의 시구처럼 자기 다짐과 굳건한 의지로 한 번도 상처받지 않은 것처럼 다시 사랑할 수 있을지 모르겠습니다. 하지만 상처 주지 않으며 사랑할 수 있을지는 의문입니다. 자신이 받았듯이 상처를 줄 가능성이 높아 보이기 때문입니다.

이것은 아쉽게도 타자를 배려하고 사랑하며 살아가야 할 우리 일상에서 일어나는 일입니다. 가정 폭력, 성폭력, 학교 폭력, 직장 폭력 등 우리 사회의 수많은 사건에서도 관찰할 수 있습니다. 행복한 결말을 예고하는 동화나 설화 속에는 이 '상처의 역설'이 미완성으로 숨겨져 있기도 합니다.

신데렐라는 어릴 적부터 계모와 언니들에게 구박받는 삶을 견디며 살아갑니다. 모욕과 폭력으로 점철된 일상 속에서 육체적 상처뿐만 아니라 정신적 외상으로 마음도 상처투성이입니다. 다행히도 마법사의 도움으로 왕자님과 행복하게 맺어집니다.

그러나 신데렐라 이야기의 '속편'은 어떻게 될까요. 이야기의 이치에 맞는 속편은 이렇게 전개되지 않을까요. 우선 왕자님의 삶은 행복하지 않을 겁니다. 신데렐라는 한 번도 상처받지 않은 것처럼 새로운 삶을 시작하겠지만, 상처 주지 않을 줄은 모를 것이기 때문입니다. 그녀가 집안에서 보고 듣고 자기도 모르게 '배운' 것은 남에게 상처 주는 말과 행동, 곧 교묘한 '폭력의 기술'들뿐이었으니까요.

그녀에게 상처받을 왕자 역시 그것을 되갚으려 하겠지요. 그들의 삶은 상처 주고 다시 상처받는 일상이 이어지는 이야기가 되지 않을까요. 더구나 이제 신데렐라는 보통 사람이 아닙니다. 권력을 가진 사람입니다. 왕세자비니까요. 주위 사람들에게도 심한 상처를 줄 수 있겠지요.

운명의 장난으로 태어날 때부터 상처투성이의 삶을 살아간 '미운 오리 새끼'의 이야기도 그 속편은 행복하지 않을 것 같습니다. 백조의 정체성을 되찾았으니 아름다운 백조를 짝으로 맞겠지만, 상처받는 일에 익숙해진 백조가 자기 짝에게 상처를 주며 관계를 어렵게 끌고 가거나 그르칠 가능성이 높습니다. 상처받는 일에 익숙해지면 그 과정을 견뎌낸다 해도 상처 주지 않고 사랑하는 법을 잘 모르기 때문입니다.

사색의 계절, 이 아련한 가을의 끝자락에서 생각해봅니다. 오랜 상처의 아픔을 지닌 사람에게 '그러니까 인생이다'라며 앞을 보고 참고 견디라고 한다면, 또한 고난의 삶을 오로지 굳은 의지로 인내하고 극복하라고 한다면, '사후 약방문' 식의 위안이 아닐까요.

우리는 고통의 근원을 잘 보아야 합니다. 상처받은 후에 그것을 극복하는 것도 필요하겠지요. 하지만 일상에서 대하는 사람 그 누구에게도 상처 주지 않으려고 노력하는 삶이 사전 처방의 미덕과 지혜가 아닐까요. 이런 의미에서 시인에게는 미안하지만 우리는 시구를 이렇게 고쳐 써야 할 것 같습니다. '사랑하라, 한 번도 상처 주지 않을 것처럼.'

고독은 육체적인 것입니다

가을에는

호올로 있게 하소서……

나의 영혼,

굽이치는 바다와

백합의 골짜기를 지나,

마른 나뭇가지 위에 다다른 까마귀같이.

김현승 시인의 「가을의 기도」 마지막 연입니다. 시인은 가을에는
기도하기를 바라고 사랑하기를 원하다가 마지막에는 '홀로 있기'

를 갈구합니다. 시인은 "정신의 고지高地를 점유하여 인생에 대한 시야를 가없는 영원에까지 넓힐 수 있는" 사색의 고독을 유독 사랑했습니다.

고독은 사색, 명상, 신앙, 영원에의 염원 등의 의미와 밀접한 것 같습니다. 다른 한편 독립, 자유, 낭만, 여행 등의 의미와도 연결되는 것 같습니다. 특히 후자의 의미들과 연관하여 요즘 세대들은 고독을 일상화하고 있다는 문화 비평적 관점도 있는 것 같습니다. 소셜 미디어 덕에 무한한 정보와 초연결되는 사회에서는 홀로 먹고, 마시고, 영화 보고, 여행하는 '홀로족'이 늘고 있다는 뜻에서 그런 것 같습니다. 이들은 '고독을 친구 삼으며' 자신에게 몰입하는 삶의 방식, 곧 '홀로 삶'을 즐기고 있다고 합니다.

그런데 이런 삶이 정말 고독을 향유하는 걸까요? 사람들이 고독의 의미에서 간과하는 점이 있는 것 같습니다. 고독에는 좀 더 세속적인 측면이 있습니다. 저는 고독의 형이상학적 숭고함을 말하기 전에 고독의 실용적 미덕을 상기하고 싶습니다. 고독은 정신적인 것만은 아닙니다. 무엇보다도 육체적인 것입니다. 육체적으로 홀로 있는 순간 휴식의 가능성이 주어지기 때문입니다. 사람들이 흔히 놓치는 건 고독이 곧 휴식이라는 사실입니다.

이는 고상하게 정신의 휴식만을 뜻하지 않습니다. 시각, 청각, 촉각 같은 감각의 휴식을 의미하며, 몸 전체의 균형을 잡는 데 필요한 휴식을 뜻합니다. 고독은 몸 전체의 조화를 회복시켜줍니다. 치유의 기능이 있는 거죠.

인간의 감각이 온갖 미디어와 초연결된 사회에서의 고독은 '의사擬似 고독pseudo-solitude'일 가능성이 높습니다. 그러므로 이런 사회에서는 감각적 휴식으로서 고독의 순간이 더욱 귀해집니다. 점점 사람을 닮아가는 '똑똑한 기계들'과도 잠시 떨어져 홀로 있을 필요가 있는 거지요.

감각적 휴식이 고독의 조건이 될 때 사람들은 주위를 천천히 둘러볼 수 있습니다. 관조하게 됩니다. 관조의 대상을 거울삼아 자신의 깊은 곳을 비춰 보게 됩니다. 사색하기 시작합니다. 이런 고독은 절로 오지 않습니다. 어느 저녁, 어느 주말처럼 일상에서 구체적 휴식의 순간을 기획할 때 오며, 이는 자연스레 사색의 기회로 이어집니다.

김현승 시인만큼이나 가을과 고독을 노래했던 릴케는 로댕의 조각 「생각하는 사람」을 보고 경탄했습니다. "생각하는 사람은 자신의 내부에 중력을 지니고 있음에 틀림없다." 사색의 고독은 우리 감각이 외부의 인력에 끌리지 않고 우리 자신이 중력의 중심이 되도록 해줍니다.

환경 변화로 사계절엔 양적 균형이 없어졌습니다. 봄과 가을은 점점 더 긴 여름과 긴 겨울 사이에 끼인 '틈새 계절'이 되어가고 있습니다. 그래서 이 가을이 더없이 소중합니다. 나무들도 홀로 있기 위해 나뭇잎들을 떠나보내고 있습니다. 낙엽은 나목裸木의 고독을 위한 자연의 배려입니다. 나목은 이제 긴 휴식에 들어갑니다. 나목은 중력을 자기 내면으로 잔뜩 모으고, 생명의 주재자인 태양에도 무심할 수 있는 절대 고독의 상태에 들어갑니다.

인간은 자연의 긴 보폭을 따라가지 못하지만, 자연을 짧게 흉내 낼 수는 있습니다. 일상에서 휴식과 사색이 있는 고독의 순간을 기획하고 실천하면서 말입니다.

빼빼로 데이와 농부의 만찬

볼테르의 철학소설 『캉디드』의 주인공은 '이 세상은 최선의 상태로 창조되었다'라는 낙관주의 교육을 받고 자랍니다. 하지만 귀족의 딸에게 연심을 품는 바람에 성에서 쫓겨나 세계 곳곳을 방랑하면서 지진, 난파, 기아, 질병, 약탈, 전쟁 등 인간 세상의 온갖 재해와 불행을 경험합니다. 와중에 '이 세상은 최악의 상태로 창조되었다'라고 주장하는 비관주의자를 만나 논쟁하고 정신적 갈등을 겪습니다.

심신이 지칠 대로 지친 주인공 캉디드는 콘스탄티노플 근교에서 농사를 짓고 있는 한 노인을 만납니다. 노인은 손님에게 신선한 과일과 다양한 과즙으로 손수 만든 빙과와 질 좋은 모카커피를 대접합니다. 노인의 환대에 감복한 캉디드가 묻습니다. "당신은 아주 넓고 비옥한 땅을 갖고 계신가 봅니다." 노인은 담담히 말합니다. "우리 땅은 20에이커밖에 되지 않습니다. 나는 이 땅을 두 딸, 두 아들과 함께 경작하고 있지요. 농부의 일은 우리를 커다란 세 가지 악, 곧 권태와 방탕 그리고 가난에서 벗어나게 하지요." 캉디드는 세상이 어떻게 창조되었든 자신의 농원을 경작해야겠다고 마음먹습니다.

11월 11일은 '농업인의 날'이기도 합니다. 농민은 흙에서 나서 흙을 벗 삼아 살다 흙으로 돌아간다는 농업 철학을 바탕으로 '흙 토土' 자가 겹치는 날을 기념일로 정했다고 합니다. '흙 토土'를 파자破字하면 십일十一이 됩니다.

세상일이 그렇듯이 사람들은 농업에 대해서도 선입견을 갖고 있는 것 같습니다. 특히 도시민들은 농업 하면 '자연'을 먼저 떠올리는 것 같습니다. 하지만 농업의 본질은 바로 '문화'에 있습니다. 농업은 인류 문화의 기원이기도 합니다. 이는 문화culture의 서구어가 '경작하다'라는 말에서 유래한 것을 보아도 알 수 있습니다. 자연을 변형해서 뭔가 이루어내는 인류 문화는 '땅을 경작하는' 농업agriculture으로 시작되었다고 할 수 있습니다. 농업을 잘 관찰하면 인류 문화가 발달하면서 획득한 다양한 특성의 원천적 요소들을 발견할 수 있습니다.

농업은 도시민들과 무관할 것 같지만 사실 아주 밀접합니다. 현대인들이 도시 생활에 지쳤거나 새로운 삶의 방식을 찾고자 할 때 떠올리는 것이 '귀농'이기 때문입니다. 그것이 잠재의식화되어 있는 겁니다.

볼테르와 동시대 사상가인 루소의 명언은 잘 알려져 있습니다. "자연으로 돌아가라!" 이 말은 칸트도 강조했듯이 '돌아가라 zurückgehen'가 아니라 자연을 '돌아보라zurücksehen'라는 뜻으로 한 말입니다. 곧 자연을 삶을 성찰하는 화두로 삼으라는 뜻입니다. 귀농도 마찬가지입니다. 농촌으로 돌아가기는 쉽지 않습니다. 하지만 농촌을 돌아보며 우리 일상을 성찰하는 화두로 삼을 수는 있습니다. 도시의 삶에 회의가 들 때, 농촌으로 돌아가지 않더라도 농업의 '문화적 의미'를 돌아보며 도시의 삶을 성찰할 수는 있습니다. 그러려면 도시민들도 농촌과 농업에 일상적 관심을 가져야 하겠지요.

11월 11일을 가장 대중적 기념일로 삼는 것은 이른바 '빼빼로 데이'일 겁니다. 마른 몸이 다이어트의 대명사가 된 시대에 길쭉한 초콜릿 과자를 주고받는 재미를 즐기는 것 같습니다. 한편 농업은 진정한 다이어트는 마른 몸이 아니라 건강한 몸이라는 것을 가르쳐왔습니다. 또한 요리라는 아주 창조적인 문화 행위도 발전시켜왔습니다. 농업인의 날에 농사의 문화적 의미를 새기며, 저 콘스탄티노플의 농부처럼 신선한 농산물로 만든 요리로 친구들과 만찬을 계획해보는 것은 어떨까요.

술 빚기, 빵 굽기, 글쓰기 그리고 사랑하기

가을이 깊었습니다. 연인들의 사랑도 깊어갑니다. 사랑의 의미는 지금 막 사랑에 빠져 황홀해진 연인들에게나, 가을바람처럼 시나브로 스며들어 열병을 앓게 하고는 홀연히 떠나버린 사랑을 추억하는 연인들에게나 모두 소중합니다. 사랑을 이어가야 하고, 다시 또 사랑해야 하니까요.

연인 사이의 사랑이 특별한 것은, 서로 '사랑하기' 이전에 '사랑에 빠지기'라는 단계를 거치기 때문입니다. 모두 사랑이지만 사랑하기와 사랑에 빠지기는 전혀 다르죠. 서양 사람들은 사랑에 빠지는 건 '벼락에 한 방 맞은' 것처럼 온다고 표현합니다. 남녀 간의 뜨거운 사랑은 사랑에 빠진 상태에 있는 겁니다. 사랑에 빠진 연인들은 다른 사람들에게 배타적이 됩니다. 서로에게만 아낌없이 주는 사이가 되지요. 사랑을 위해서는 가족을 버릴 수도 있고, 국경을 넘을 수도 있으며, 단둘이 우주로까지 방랑의 길을 떠날 각오가 되어 있습니다. 빅토르 위고의 말처럼 "우주를 단 하나의 인간으로 환원하는 것"이지요.

하지만 둘 사이의 이런 관계는 자신들의 의지에만 달려 있는 게 아니며 오래 지속되지도 않습니다. 쇼펜하우어도 간파했듯이 둘은 서로 자신의 의지로 상대방을 사랑하는 것 같지만 사실은 자연과 생명의 의지에 따를 뿐이라는 거지요. 사랑에 빠지는 것은 자신의 의지로 어찌할 수 있는 게 아니라는 거지요. 요즘은 과학적 설명도 합니다만 혼신의 에너지를 투척하는 활동이 오래 지속될 수 없다는 건 상식이기도 합니다.

사랑에 빠진 연인들은 '사랑의 이상향'에 있는 겁니다. 그것은 마치 환희의 천국에 있는 것과 같습니다. 하지만 죽어서 가지 않은 천국에는 오래 머물 수가 없습니다. 다시 지상의 현실로 내려와야지요. 사랑에 빠지기는 그 단계에서 종결돼 이별을 겪거나 그 단계를 넘어서 일상적 사랑하기로 옮겨갑니다. 사랑하기로의 전이는 뜨겁지는 않지만 서로 따스한 보살핌으로 일상의 시공간을 채우며 이루어집니다. 이때 사랑하기는 관심, 이해, 배려, 위로, 존중, 성실 같은 삶의 다른 덕목들을 포함하게 되지요.

사랑에 빠진 연인들은 묻습니다. "사랑이 어떻게 변하니?" 사실 묻는 게 아니라 물음 자체를 부정하려는 것이지요. 그 말은 맞습니다. 사랑은 변하지 않습니다. 수백만 년 전부터 제자리에 있었습니다. 사람이 변할 뿐이지요. "사람이 어떻게 안 변하니?"라고 묻는 것이 현실적이겠지요. 그런데 여기에는 역설이 숨어 있습니다. 사람이 변해야 사랑이 변치 않고 지속된다는 역설 말입니다.

찰스 다윈은 유명한 언어학자가 인간의 언어를 술 빚기brewing와 빵 굽기baking에 비유한 것을 비판했습니다. 말을 배우지 않은 어린아이의 옹알거림에서도 알 수 있듯이 '인간은 말하려는 본능적 성향을 갖기 때문'이라는 것이지요. 오히려 앞의 두 기술에 비유될 수 있는 것은 글쓰기writing라고 했습니다.

다윈은 본능이 아니라 노력으로 이루어내는 대표적인 것으로 술 빚기, 빵 굽기, 글쓰기를 든 셈이죠. 이 세 가지 활동의 공통점은 무엇일까요. 발효와 숙성입니다. 이들은 자연적으로 되는 게 아니라 연습과 시행착오를 거치며 애를 써서 이뤄내는 것이지요.

저는 여기에 한 가지를 더 붙이고 싶습니다. 바로 사랑하기입니다. 사랑에 빠지기가 말하기처럼 본능적 성향의 표출이라면, 사랑하기는 글쓰기처럼 애를 써서 이루어내는 것이기 때문이지요.

사람이 익어가면 사랑도 익어갑니다. 일상의 연인들이 할 수 있고 해야 할 일은 사랑을 숙성시키는 것입니다. 정성이 가득 담긴 술과 빵과 글처럼 말입니다. 사랑에 빠지기는 더없이 기쁘고 황홀한 일입니다. 사랑하기는 아주 기분 좋은 일입니다. 잘 빚어진 술과 잘 구워진 빵을 먹을 때 기분이 좋아지는 것처럼 말입니다. 봄의 연인들은 사랑에 빠집니다. 밤하늘에 계절이 지나가고 가을의 연인들은 사랑하기를 다짐합니다.

'절망의 부정어'를 간직하는 시간

하양. 성탄절 하면 떠오르는 빛깔입니다. 이맘때면 모두 화이트 크리스마스를 기대합니다. 하양은 다양한 상징을 품고 있습니다. 흰 눈이 소리 없이 내려 쌓일 때면 온 세상이 평온한 것 같습니다. 내리는 눈송이마다 부드러운 위안의 손길 같습니다. 쌓인 눈은 헐벗은 사람을 포근하게 덮어주는 하얀 솜이불 같기도 합니다. 상처를 치유하는 새하얀 붕대를 연상하게도 합니다.

올망졸망한 마을의 집들을 덮은 눈은 세상을 평등하게 만드는 것 같기도 합니다. 크시슈토프 키에슬로프스키 감독은 프랑스 국기에서 영감을 얻어 파랑, 하양, 빨강의 「세 가지 색」 3부작 영화를 만들었습니다. 그는 두 번째 작품에서 '하양'을 평등의 상징으로 삼아 이야기를 전개합니다. 그러나 역설적으로 세상에서 평등의 실현이 얼마나 모순적이고 어려운지 보여줍니다. 하지만 바로 그렇기 때문에 일상에서는 실현하기 어려운 삶의 이상을 성탄절같이 각별한 때면 더욱 갈망하는 것입니다.

빨강. 색의 여왕이라고도 하는 빨강 역시 많은 상징적 의미를 지니고 있습니다. 하지만 그것이 성탄절의 색인 것은 무엇보다도 사랑을 의미하기 때문일 겁니다. 사회·정치적으로는 형제애와 동포애를 상징합니다. 산타클로스의 옷과 모자가 빨강인 것은 현대 자본주의의 상품화 과정에서 나온 것이라는 설도 있지만 꼭 그렇지는 않습니다. 빨강이 심장을 상징화하고 사랑을 의미한 것은 훨씬 더 오랜 역사를 지니고 있기 때문입니다.

키에슬로프스키는 세 번째 작품 「세 가지 색: 레드」에서 운명의 장난에 휘둘리는 사랑을 보여줍니다. 뜨거운 가슴이 곧 사랑의 결실로 이어지지 못하는 경우도 많으니까요. 이웃과 사랑을 나누는 일도 쉽지 않습니다. 그래서 우리는 특별한 때면 사랑의 의미를 상기하려고 합니다. 사랑이 '하트 모양으로 포개진 엄지와 검지' 사이에서 피어나듯 우리 일상이 되었으면 하고 바라는 겁니다.

하양과 빨강에 묻혀 잘 보이지 않는 크리스마스의 빛깔이 있습니다. '초록'입니다. 크리스마스트리의 색이지요. 녹색 역시 다른 색들과 마찬가지로 다양한 의미를 상징합니다. 그러나 성탄절에만큼은 그 어원적 의미를 되뇌어보고 싶습니다. 영어에서 그린green은 '성장하다grow'라는 말과 같은 뿌리를 지니고 있습니다. 녹색은 미래를 향한 생명체의 신호입니다. 그래서 초록은 생장이고 성장이며 희망을 상징합니다.

겨울은 결핍의 이미지를 지닌 계절입니다. 희망은 결핍의 시간에 찾아오는 감정이기도 합니다. 황량한 겨울에 보는 크리스마스트리의 녹색은 우리에게 희망을 품게 합니다. '시절이 황량하면 녹색이 희망이다'라는 서양 속담도 이런 맥락에서 나온 것이겠지요. 먼 옛날 대홍수가 있은 후 비둘기가 물고 온 초록빛 올리브 이파리가 희망의 표지였듯이, 먼 미래를 이야기한 SF 영화에서 황폐한 지구에 홀로 남은 폐기물 제거 로봇이 발견한 초록빛 새싹 역시 희망의 표지입니다.

'하양'의 평등과 '빨강'의 사랑을 실현하는 길이 험난하다고 해도 우리는 희망을 버릴 수 없습니다. 이것이 크리스마스의 삼색 가운데 초록을 빼놓을 수 없는 이유입니다. 경제적 결핍과 정치적

혼돈과 도덕적 황폐함을 겪었던 한 해를 절망적으로만 바라보지 않는다면, '더 나은 삶'을 위해 한 발짝 내디딜 수 있습니다. 희망은 사실 '부정하는 힘'으로 작용할 때 그 진가를 발휘하기 때문입니다. 절망의 부정어가 될 때 희망이란 말과 그 말로 하는 다짐의 의미와 효과는 더욱 빛을 발하기 때문입니다.

겨울은 '우리'의 계절입니다

계절의 변화는 인생의 선생님입니다. 언제나 우리에게 삶의 의미를 가르쳐줍니다. 계절이 지나가는 밤하늘에는 삶의 진실이 계시되는 듯합니다. 현대 도시에 사는 사람들은 자연으로부터 멀리 있는 것 같지만, 사실 계절의 변화에 따라 소소한 일상의 태도를 바꾸기도 합니다. 사람들은 계절의 입김에 따라 인간관계를 맺는 방식 가운데 어느 하나를 각별히 선호하기도 합니다.

마치 가을이 홀로 있고 싶어 하는 시간이 되듯이, 겨울은 함께 있고 싶어 하는 시간이 됩니다. 고독과 사색으로 대표되는 가을은 '나'의 계절입니다. 한편 따듯함을 찾게 하는 겨울엔 사람의 체온조차 항상 반갑습니다. 누구하고든 오순도순 이야기를 나누고 싶어집니다. 겨울은 '우리'의 계절입니다.

비발디의 바이올린 협주곡 「사계」에서 '겨울'의 제1악장은 차가운 눈 속에서 얼어붙고 떨리고 격심하게 부는 무서운 바람에 쉴 새 없이 발을 동동 구르며 너무 추워서 이가 따닥따닥 부딪치는 경험을 묘사합니다. 하지만 곧이어 제2악장에서는 집 안의 따스한 화로에 모여 평화롭고 만족스러운 나날을 보내는 사람들이 그려집니다. 이는 김용호 시인이 노래했던 「눈 오는 밤에」의 정경을 연상하게 합니다.

오누이들의

정다운 얘기에

어느 집 질화로엔

밤알이 토실토실 익겠다.

함께 모여 평화롭고 만족스러운 나날을 보내는 일, 그것이 사람들이 추구하는 삶일 것입니다. 아주 간단하죠. 하지만 실천하기는 쉽지 않습니다. 겨울에는 계절의 혜택으로 자연스레 함께 어울려 사는 삶을 더욱 찾게 되지만 우리 일상에선 그것이 가장 어려운 과제이기도 합니다. 왜 그럴까요?

그건 무엇보다도 '공동체의 집'을 짓기 어렵기 때문일 겁니다. 현대사회 이론에 크게 공헌했던 철학자 게오르크 지멜은 이 문제를 간단한 은유로 설명합니다. '사회라는 집은 개인이라는 작은 집들의 집합체'라는 거죠. 공동체는 개인을 벽돌 삼아 지은 집이 아니라는 뜻입니다. 개인이라는 집은 울퉁불퉁 오밀조밀 다양하기 짝이 없습니다. 그것으로 큰 집을 구성하기란 참으로 어렵겠지요. 개인의 집을 획일적인 벽돌로 만들 수도 없습니다. 그래서 우리는 항상 공동체적 삶을 위해 성찰하고 노력해야 합니다.

달력의 시간과 계절의 시간은 동기화되어 있지 않습니다. 달력의 한 해는 1월에 시작해서 12월에 끝나지만, 계절의 한 해는 봄으로 시작해 겨울로 끝납니다. 겨울과 함께 한 해를 마감하고 새봄과 함께 새해를 시작하는 거죠.

봄은 '너'의 계절입니다. 벌 나비처럼 너를 찾다 보면 나를 잊는 계절이기도 합니다. 여름은 '너와 내'가 손잡고 가는 계절이지만 아직 우리로 성숙하지 못하는 계절입니다. 그래서 다시 나의 계절 가을을 거쳐 겨울에 이르러 우리를 성찰하는 시간을 갖게 되는 것 같습니다.

　유난히 혹독했던 지난겨울도 안아주고 싶을 만큼 사랑스러운 계절이었습니다. 그 겨울과 이별을 해야 할 때입니다. 겨울의 시간들이 더욱 소중해집니다. 겨울 내내 쌓아두었던 더불어 사는 삶의 가치와 의미들을 간직하고 싶습니다. 어떤 계절에든 '함께 있게 하소서!' 하고 기원하고 싶습니다. 봄이 오면 각자 개인의 자유와 행복을 향해 더욱 질주하겠지만, 겨울의 시간이 가르쳐준 의미들은 우리 삶의 균형을 맞춰주는 역할을 하리라 기대하기 때문입니다.

2부

감수성 있는 과정은

언제나

의미 있는 무엇

삶의 신선도를 높이는 방법

'하늘 아래 새로운 것은 없다.' 많이 들어온 말입니다. 일견 맞는 말 같기도 합니다. 역사는 반복되는 것 같고, 희로애락의 우리 일상사도 되풀이되는 것 같습니다. 전철을 밟는다는 말이 있듯이, 정치·사회적으로 잘못된 일이나 행동도 팬 수레바퀴 자국을 그대로 따라가듯 또다시 일어나는 것 같기도 합니다.

인문학자들이 이 금언을 강조하는 경우도 있습니다. 옛 성현들의 지혜 속에 이미 오늘날 우리 삶의 교훈들이 담겨 있다는 뜻에서 그렇게 말하는 것 같습니다. 마르지 않는 샘 같은 고전에서 현재 삶의 지침을 얻자고 강조할 때도 이 말을 쓰는 것 같습니다.

도덕적 명제들 역시 수천 년 동안 별로 변하지 않은 것 같기도 합니다.

이는 오늘날 시대의 과제가 된 창조의 영역에서도 그런 것 같습니다. 인간의 창조 행위도 뭔가 새롭게 만들어낸다기보다 기존의 것들을 다시 조합하고 재구성하거나 편집하는 것이라는 주장도 합니다. 하늘 아래 새로운 것은 정말 없는 것 같습니다.

하지만 꼭 그럴까요? 이런 의심이 드는 건, 이 주장에 '오만'의 기운이 비치기 때문입니다. 그러면서 또한 '태만'의 기미도 느껴지기 때문입니다.

오만하다 함은 하늘 위에서 하늘 아래를 내려다보며 하는 말 같아서입니다. 천상에서 보면 천하에서 일어나는 일들이 새로울 게 하나도 없습니다. 손바닥 보듯이 세상을 꿰뚫어 보는 조물주에게는 모든 것이 천지창조의 계획안에 있던 것입니다. 하지만 하늘 아래 사는 사람이 이런 말을 하면, 천상에서 내려다보는 시선까지는 아닐지라도 세상사에 달관한 듯한 시선을 느끼게 됩니다.

태만하다 함은 세상사에서 '차이'를 보고자 하는 의지가 결여되어 있는 것 같아서입니다. 반복되는 것 같은 역사 속에서도 시대에 따라 사건의 엄밀한 차이들이 있으며, 그 차이를 보는 것이 역사를 제대로 인식하는 방법입니다. 인간이 기술한 역사는 법칙이 아니라, 그 역사적 자료가 우리의 상상력을 자극해서 현재와 미래를 새롭게 볼 수 있도록 하기 때문에 소중한 것입니다.

옛 성현의 말씀에 귀 기울이고자 고전의 샘에서 목을 축이며, 그 풍요한 샘에 몸을 담그는 기회는 우리 삶에서 소중하고 유익합니다. 하지만 그 샘에 빠져버리면 삶을 놓치게 됩니다. 고전은 변하지 않는 삶의 지침들을 모두 담고 있어서 우리가 떠받들어야 할 경전이 아니라, 새로운 삶을 위해 그 내용을 걸러내 활용하는 훌륭한 참고 자료일 뿐입니다.

물론 인간은 신이 아니므로 '무無로부터 창조'할 수 없습니다. 문화적 유산이 있기 때문에 그것을 활용해 새로운 것을 만들어내고 새로운 길을 모색할 수 있습니다. 이는 적당한 조합과 재구성으로 이루어지지 않습니다. 이를 잘 보여주는 것은 중세 때부터 내려오는 '거인들의 어깨 위에 서서'라는 금언입니다. 위대한 과학자 아이작 뉴턴도 거인들의 어깨 위에 오르기까지의 지난한 과정을 거쳐 '더 멀리 볼 수 있었고' 과학의 '새로운 지평'을 열 수 있었습니다. 창조는 지난한 노력의 과정 그 어느 순간에 주어지는 고귀한 보상과 같은 것입니다.

우리 일상에서 새로움은 아이가 태어나는 순간에 확인됩니다. 부모의 존재가 아이의 탄생을 가능하게 하지만, 그 아이는 이 세상에 창조적 새로움으로 등장하는 것입니다. 새 생명이며, 새로운 변화를 가져올 존재인 것입니다. 일상의 변화에서 새로움을 느낄 줄 아는 감성과 지혜가 우리 삶을 풍요롭게 합니다. 일상의 시간도 새로움을 가져옵니다. 100세를 사신 분에게도 해마다 돌아오는 신년은 새로운 한 해입니다. '하늘 아래 새로운 것 많다'라고 할 때 삶은 능동적이고 활력으로 넘칠 수 있습니다. 일상적 삶의 신선도가 높아집니다.

우 리 는   어 느   정 도   미 식 가 입 니 다

요리에 대한 대중적 관심은 지속적으로 늘고 있습니다. 요리 프로그램이 없는 방송이 없고, '요섹남'이라는 유행어가 등장한 지도 한참 된 것 같습니다. 그런데 요리를 독특한 창조 행위이자 예술의 경지에 올려놓는 것은 일부 사람에게 아직 어색한 것 같습니다. 요리와 음식의 과잉 담론을 우려하는 목소리도 있습니다. 담론의 빈도와 양에 비해 질적인 내용이 균형을 맞추어가고 있지 못해 그런 비판이 있는지도 모르겠습니다.

그럼에도 요리와 식사는 진지한 미학적 관심을 끌 만한 삶의 영역입니다. 미학aesthetics이란 말은 일상으로부터 멀리 있는 듯한 학술 용어입니다만, 그것이 우리의 감각에 관한 것이라면 좀 더 친근해질 수 있습니다. 시각, 청각, 후각, 미각, 촉각을 통상 오감이라고 해서 사람의 기본 감각으로 알고 있지요. 우리가 미학美學이라고 번역해서 쓰는 '에스테틱스'라는 말은 원래 '감각'이라는 어원을 지니고 있습니다. 그러니까 직역하면 '감각학'이 됩니다. 다만 역사적으로 회화, 조각, 건축 같은 시각예술의 '아름다움'에 대한 판단과 비평을 논하는 학문으로 미학이 발전해왔기 때문에 좁은 의미로 번역해서 써온 것 같습니다.

　청각예술에서는 음악의 미학이 중요합니다. 그러고 보니 전통적으로 중요한 예술 분야는 인간의 감각 가운데서 시각 또는 청각처럼 어떤 하나의 감각을 미학적 탐구의 대상으로 삼고 있군요. 물론 하나 이상의 감각을 활용한 예술도 있습니다. 고대로부터 연극과 무용은 시각과 청각의 종합예술이었으며, 19세기 말 이후에 영화와 다양한 공연 예술이 이에 가세해왔습니다. 아직 보편화되지 않았고 어폐가 있습니다만 요즘은 영화의 '4차원4D 상영'으로 다양한 감각적 경험을 유도하기도 합니다. 하지만 이 경우도 오감이 모두 동원되지는 않습니다.

　그러나 요리 예술과 그것을 감상하고 향유하는 식사 행위에는 오감이 모두 동원됩니다. 요리와 식사 사이에는 음식이 있습니다. 요리는 음식을 창조하는 기예이고, 식사는 그것에 대한 감각적 경험을 하는 행위입니다. 요리에서나 식사에서나 시각은 중요합니다. '보기 좋게 차려놓은 음식'이라는 말이 있지 않습니까. 후각과 미각은 당연한 것이고요. 아삭아삭 씹을 때는 청각이 동원되며, 그렇게 씹히도록 음식을 준비하기도 하지요. 요리할 때 재료에 대한 촉각은 중요하고, 쫄깃쫄깃, 꼬들꼬들한 음식의 질감은 구강의 촉감과 밀접합니다. 오감이 조화롭게 어우러지면 식사가 즐겁겠지요.

식사를 즐긴다고 하면, 미식가나 식도락을 말하는 것 아니냐고 할지 모르겠습니다. 그러나 대단한 미식가가 아니더라도 식사에는 '감각적 즐김'이 암암리에 따라옵니다. 맛없는 음식을 계속 먹을 수는 없고, 맛있게 차려놓은 음식을 맛없게 먹을 수도 없기 때문입니다. 우리 각자는 안 그런 척할 수도 있지만 사실 어느 정도 일상의 미식가입니다.

철학을 하는 사람의 입장에서는 인지과학이 중요합니다. 음식 재료를 구하고 선별하며 요리해서 먹는 과정이 오감을 모두 동원한다면 그것은 인간의 인지능력 발달과 밀접할 수밖에 없습니다. '요리·음식·식사가 인간의 인지능력 향상의 원천'일 수 있다는 현대 과학의 가설을 추론적으로 수용하는 데 어려움이 없습니다. 요리 과정에 의미 있고 재미있게 참여하면 인지능력을 증진시켜 치매를 예방할 수 있다는 '과학적 조언'도 들어둘 만합니다.

특히 축제는 요리의 문화성과 식사의 사회성이 잘 드러나는 때입니다. 학자들은 축제와 인지 활동 사이의 관계도 연구하고 있습니다. 각 나라의 전통 명절은 대표적인 축제입니다. 우리나라에서는 설과 추석이 그렇지요. 이제부터는 일상생활에서뿐만 아니라 특별한 명절에도 나이 구분 없이 남녀 모두 요리와 식사의 인지 활동에 기꺼이 참여해보면 어떨까요.

미와 추는 대칭적이지 않으니까요

온 나라가 가뭄을 겪고 있습니다. 농민들은 말라비틀어진 작물을 자기 살을 베어내듯 갈아엎어야 합니다. 하지만 마트에 가면 때깔 좋고 오뚝한 꼭지에 크기가 모두 균일한 과일과 채소가 진열되어 있습니다. 사람들은 이 '예쁜' 농산물을 장바구니에 담습니다. 현대적 생산과 유통 구조 덕(?)에 우리는 잘생긴 농산물을 매일 접할 수 있습니다.

그런데 못생긴 농산물은 없을까요? 물론 있습니다. 가뭄과 홍수 같은 자연재해에도 성실한 농부의 보호 아래 살아남아 풍부한 영양분을 담고 있는 '못생긴' 농산물이 많습니다. 전체 농산물의 20~30%가 못생긴 농산물이라고 합니다. 하지만 이들은 유통 처리 과정에서 걸러져 폐기된다고 합니다.

길쭉길쭉 날씬한 오이가 아니라 초승달처럼 고부라진 오이, 작은 혹이 꼭지 옆에 달린 토마토, 끝부분이 두 다리처럼 갈라진 홍당무, 한 꼭지에 세 몸이 붙은 딸기, 유통 기준의 크기에 못 미치는 작은 채소와 과일 등이 있습니다. 이들은 폐기 대상입니다.

이런 현상은 우리에게 '미학적 성찰'의 기회를 제공합니다. 아름다움에 대한 우리의 관습적 판단이 농산물 폐기 대상을 결정하기 때문입니다. 미적aesthetic 판단이 경제가치적 판단에, 나아가 영양학적 판단에까지 절대적 영향을 미치고 있습니다. 미적 판단이란 감각적 판단을 뜻합니다. 감각을 통해 얻은 정보를 두뇌가 판단하기 때문입니다. 못생긴 농산물을 거르는 작업은 시각적 판단을 기준으로 합니다. 그러니까 시각적 판단이 다른 감각적 즐김, 즉 후각적, 미각적 즐김의 가능성을 미리 차단하는 것이지요.

우리는 아름다움에 대한 시각적 판단이 일상의 다른 영역에까지 넓게 영향을 미치는 시대에 살고 있습니다. 특히 시각에 의한 미적 판단이 가치적 판단으로 즉각 전이되는 경우가 많습니다. 이는 우리가 오늘날 외모를 중시하는 사회에 살고 있는 것과도 밀접합니다.

아리스토텔레스는 시각을 '감각 중의 감각'이라고 했습니다. 이는 시각을 '잘' 활용하라는 뜻이기도 합니다. 우리 일상생활에서 시각의 혜택은 어마어마하지만 반면 최고의 폐해를 주는 감각일 수도 있으니까요. 시각을 잘 활용하려면 당연히 시각의 특성을 잘 알아야 합니다. 시각은 다른 감각들, 즉 청각, 후각, 미각, 촉각에 비해 '감각적 수용력'이 매우 높습니다. 우리는 시끄러운 소리를 계속 듣지 못하고, 특별한 냄새와 맛에 즉각 거부감을 느끼며, 촉각적 자극에 아주 민감합니다. 하지만 시각은 거부감을 느꼈던 대상도 지속적으로 볼 수 있으며 익숙해질 수 있습니다.

미학적, 곧 감각학적 관점에서 미와 추의 구분은 우리가 시각적으로 대상을 얼마나 수용하는지에 달려 있습니다. 우리의 감각이 수용하면 아름답고 그러지 못하면 추한 것입니다. 이런 의미에서 미와 추는 서로 대칭적이지 않습니다. 미의 영역이 추의 영역에 비해 훨씬 넓을 수 있다는 뜻입니다. 미와 추는, 음과 양같이 '대칭적 이원성'의 관계가 아니라, '비대칭적 이원성asymmetric duality'의 관계에 있습니다.

이 세상에는 아름다운 것들이 많습니다. 추하다고 느꼈던 것도 미의 영역으로 무리 없이 옮겨 올 수 있습니다. 길버트 체스터턴의 말이 생각납니다. "우리가 관습적인 아름다움이라는 주술을 툭 끊어버리는 순간, 무수히 많은 아름다운 얼굴들이 온 사방에서 우리를 기다리고 있다. 온 사방에 무수히 많은 아름다운 영혼들이 있는 것처럼 말이다." 미에 대한 관습적 판단의 관점을 바꾸면, 길쭉길쭉 날씬한 오이보다 고부라진 오이를 초승달 같은 아름다움으로 인식할 수 있습니다. 이런 관점의 전환은 인간관계에도 당연히 해당됩니다.

인간의 장식 — 눈썹, 배꼽, 수염

장마철이면 죽마고우를 불러내 포장마차를 찾는 친구가 있습니다. 추적추적 비 듣는 소리에 소주 한잔 걸치며 개똥철학, 또는 그 친구 말대로 '서민의 철학' 하길 좋아하지요. 이럴 때면 품고 있던 고민을 털어놓기도 합니다. 이렇게 절친 사이에 소주잔을 들며 나눈 대화입니다.

"자네 배꼽티 어떻게 생각하나?"

"생뚱맞게 웬 배꼽티, 날도 더운데 자네도 시원하게 배꼽티 입어볼 텐가?"

"그게 아니고." 친구 얼굴이 약간 심각해지기 시작합니다. "우리 애가 요즘 배꼽티 입고 다니는데, 신경이 좀 쓰여. 다 큰 딸에게 대놓고 그러지 말라고 할 수도 없고……, 참."

딸 자랑 많던 친구에게 고민이 생긴 것 같습니다. 그래도 고민하는 티는 내고 싶지 않은 모양입니다. "뭐 심각한 건 아니고, 가볍게 한번 대답해봐! 여자들은 왜 배꼽티를 입을까?" "더우니까." "뭐? 이 사람아, 좀 진지하게 답해봐!"

"진지하게 답하고 있다고. 일상을 잘 관찰해봐! 남자는 더우면 웃통을 벗는다고. '웃통 벗다'라는 말도 있잖아. 이 말이 여자에겐 액면 그대로 적용되지 않는 거지. 여자는 가슴을 가려야 하니까, 여성의 입장에서 웃통을 벗으려면 배꼽티가 해결책 아니겠어?" "음, 그럴듯한 궤변인데……."

"웃자고 한 소리야. 그건 그렇고 자네가 진지하게 답하라고 해서 하는 말인데, 미학적 이유가 있는 것 같아. 예술사에서 서양 중세 미학의 특징을 '빛과 색채'라고 하지. 특히 황금빛과 밝은 원색을 이용한 장식 문화가 발달했지. 중세 사람들은 라틴어로 데쿠스decus, 곧 장식에 대한 관심이 아주 많았어. 장식의 이론을 설파하기도 했지. 6세기의 유명한 성인 세비야의 이시도루스는 『어원론 또는 사물의 기원』이라는 저서에서 인공적인 장식 외에 자연적인 장식에 대해서도 논했지. 실용적인 기능은 없지만 보기에 좋은 곧 미적 쾌감을 주는 것을 장식이라고 정의한다면, 인체에 순전히 장식을 위한 기관이 있다는 거지. 기능적인 면에선 없어도 되지만 미적 효과를 주니까 흥미로운 거지. 뭐가 있을까?"

"맹장!"

"이 친구야, 맹장은 눈에 안 보이잖아."

"눈썹?"

"음……, 눈썹 나름이지. 속눈썹은 엄청난 실용적 기능이 있어. 장식화할 수도 있지만. 속눈썹 없으면 온갖 이물질이 눈에 들어가잖아. 윗눈썹은 기능보다 장식적인 측면이 더 클 거야. 그래서 한때는 역설적으로 윗눈썹을 모두 밀어버리는 화장술이 유행이었고, 지금은 오히려 진하게 칠하는 화장술이 유행이지."

"아, 수염!" "빙고! 특히 자네의 그 콧수염은 전적으로 장식미를 내기 위한 거지. 그런데 세비야의 이시도루스는 남녀 모두에게 있는 아주 중요한 '인체의 데쿠스'를 지적했어. 바로 배꼽이야. 배꼽은 엄마 배 속에 있을 땐 엄청나게 중요한 기능을 하지만, 그 후론 아무 기능 없이 시선을 끄는 장식이 되는 거지. 덧붙여 이시도루스는 남성에겐 젖꼭지가 실용적 기능 없는 데쿠스라고 했거든.

하지만 여성에겐 전혀 그렇지 않지. 특별히 보호해야 할 기관이기도 하고. 그래서 여성에겐 배꼽이 데쿠스로서 더욱 소중하고 그것을 미적으로 활용하려는 욕구가 더욱 크다고 해석할 수 있지."

"그래서 결론이 뭔가?"

"결론은 무슨 결론, 세상을 보는 하나의 관점이지. 아직도 학생 때처럼 결론과 정답에 집착하나? 그저 이 장마철의 개똥철학을 계기 삼아 자식 때문에 '고민하는 아빠'에서 잠시나마 우리 모두의 삶을 위해 '생각하는 사람'이 되어보자는 거지 뭐. 더위도 좀 잊고."

공들은 떠나고 사람은 집에 돌아오는 경기

딱! 파란 가을 하늘로 하얀 야구공이 날아갑니다. 세상의 모든 근심 걱정을 다 날려 보낼 듯합니다. 사람들은 뭔가 잊기 위해서 스포츠를 즐기기도 합니다. 하지만 뭔가 의미를 찾으면서 스포츠를 즐기면 더 재미있습니다. 야구의 몇몇 특징은 우리에게 흥미로운 생각의 화두를 던집니다.

야구는 집에서 출발해서 집으로 돌아오는 경기입니다. 타자가 주자가 되어 집으로 돌아올 때마다 점수를 얻어가기 때문입니다. 야구 용어에서 집home이란 말은 중요합니다. 홈인, 홈런처럼 말입니다. 다른 경기에서는 공이 정해진 공간에 들어가야 점수가

납니다. 야구에서는 사람이 들어오면서 점수를 냅니다.

공으로 점수를 내는 경기에서는 공이 소중합니다. 웬만해선 경기 중에 공을 바꾸지 않지요. 경기 중에는 관중에게 공을 선사하지도 않습니다. 야구에서는 사람이 점수를 내므로 공에 집착하지 않습니다. 그래서 야구는 경기 중 관중들에게 많은 공을 선사합니다. '인심 좋은' 경기입니다. 공들은 떠나고 사람은 집에 돌아오는 경기, 여기에 야구 고유의 인간미가 있습니다.

야구는 단체경기입니다. 그런데 투수와 타자의 대결을 보고 있으면, 단체경기 안에 개인의 경기가 중첩되어 있다는 느낌을 받습니다. 투수와 타자가 맞서는 순간마다 일대일의 경기 같은 착각을 느끼기 때문입니다. 마운드의 투수와 홈플레이트의 타자 사이에 치열하면서도 냉철한 시선으로 이어지는 직선의 기운, 그 긴장은 관객의 시선을 온통 집어삼킵니다. 공이 포수의 미트에 들어가고 다음 투구 사이의 인터벌에 이 긴장은 돌연 해소됩니다. 이 반복되는 켕김과 풀림은 변증법의 백미입니다.

인심과 인간미에 더해 야구는 인문적 감동을 선사합니다. 야구 경기는 대안, 희생, 구원 그리고 기다림을 담고 있기 때문입니다. 야구는 수시로 대안을 제시하며 문제를 풀어가는 경기입니다.

공격 팀에서는 대타와 대주자를 언제든 활용할 수 있습니다. 팀을 위해 필요하면 번트와 외야 플라이로 희생하는 선수가 등장합니다. 수비 팀에서는 위기 때마다 여러 명의 구원투수를 투입할 수 있습니다. 투수 교체 때마다 연습 투구를 할 수 있도록 꽤 오래 기다려주기도 하지요. 이것이 투수 외의 다른 선수들에게는 잠깐 휴식의 시간이 됩니다. 여기에서도 경기의 긴장과 해소는 교묘한 변증 관계를 이룹니다.

이런 야구의 특성들은 관객이 역설적으로 야구를 즐기게 되는 잠재의식적 요인이 됩니다. 역설적이라 함은 우리 일상의 현실에서는 이런 일들이 희망 사항일 뿐 잘 일어나지 않기 때문입니다. 내 능력이 안 될 때, 누가 대신 경쟁의 마당에 나가주고 대신 뛰어주는 '인생의 대타와 대주자'는 결코 흔치 않지요. 나를 밀어주기 위해 누군가 선뜻 희생하는 일도 참 드뭅니다. 위기에 처한 나를 구원하기 위해 누군가 항상 준비되어 있고 언제나 나서는 경우가 일상사는 아니지요. 때론 '아무도 기다려주지 않는다'는 느낌을 받을 때가 우리 일상입니다.

다른 많은 운동경기에서 그 경쟁과 투쟁 방식은 우리 현실과 꼭 닮았습니다. 그러나 야구에는 일상 현실이 전도된 차원들이 숨어 있습니다. 이런 점에서 역설적으로 야구는 판타지입니다. 현실에서는 희망의 수준에 있는 일들이 빈번히 일어나는 곳이 부챗살 모양의 야구장이니까요. 관중은 부챗살처럼 펼쳐진 환상적 구장에서 그들의 잠재의식이 희망해온 세상을 실감나게 만납니다. 우리 잠재의식의 노스탤지어에 화답하는 야구에 열광합니다.

비사교적인 사교적 인간을 위한 만찬

이마누엘 칸트는 통상 '머리에 쥐가 나게 할' 정도로 어려운 철학 이론을 전개한 학자로 알려져 있지만, 우리가 귀담아들을 만한 생활의 지혜를 전해주기도 했습니다. 칸트는 인간성에 걸맞은 복된 삶이란 "좋은 사람들과 함께 좋은 식사"를 하는 것이라고 했습니다. 이것이 일상에서 쉽지만은 않으니까 이런 말을 했겠지요. 여기서 칸트가 말하는 '좋은 사람들'이란 지인을 뜻합니다. 우리 일상에서는 가족과 식사를 하는 경우가 많으니 가정에도 칸트의 조언은 해당됩니다.

이에 덧붙여 '함께 식사할 사람이 몇 명이면 좋을까'에 관한 아주 실용적인 조언도 했어요. 최소 인원은 '삼미신三美神의 숫자'는 되어야 하고, 최대 인원은 '뮤즈의 숫자'를 넘지 않는 게 좋다고 했습니다. 모두 고대 신화에 등장하는 숫자인데요. 최소 인원이 세 명 미만, 즉 둘이라면 식사 도중에 대화가 끊길 가능성이 있다는 것이지요. 셋 이상이면 대화가 계속 이어질 수 있다는 겁니다. 뮤즈의 숫자, 즉 아홉 명을 넘을 경우 우리도 일상에서 경험하듯이, 한 식탁에서 대화를 나눌 때 삼삼오오 작은 그룹으로 나뉠 가능성이 있어서 좋지 않다는 겁니다.

그런데 요즈음 '혼밥', 곧 '혼자 먹는 밥'이 새로운 사회적 트렌드인 것 같습니다. 칸트의 입장을 따르면 혼밥은 사람들에게 복된 삶을 보장해줄 것 같지 않습니다. 칸트는 또한 홀로 식사를 하면 과식을 하거나 아주 적게 먹을 가능성이 높아 건강에 좋지 않다고 합니다. 물론 대화를 나누지 않고 식사를 하니까 소화에도 도움이 되지 않겠지요.

그러나 적지 않은 사람들이 주거 형태, 직장 상황, 심리적 문제 등 여러 이유로 홀로 식사하는 불가피한 처지에 있는 것이 오늘의 현실입니다. 칸트의 유명한 사회철학적 명제처럼, 인간의 '비사교적 사교성' 때문이기도 할 것입니다. 즉, 사람은 '사회를 이루어 함께 살고자 하는 성질'과 '자신을 개별화하고 고립시키는 성질'을 모두 지니고 있는 모순적 존재라는 것이지요.

　그래서 현대인들은 혼밥을 수용하며 살아가고 있습니다. 그런데 인간은 사회적 동물이자 또한 문화적 동물입니다. 사회 활동뿐만 아니라 문화 활동을 해야 사람답게 살 수 있습니다. 혼자 먹는 밥에는 분명 사회성이 배제되어 있습니다. 하지만 문화적 요소마저 배제된다면 혼밥은 오로지 먹는 행위가 될 뿐이겠지요. 문화란 뭔가를 만들고 창조하는 행위입니다. 사회가 관계의 개념이라면, 문화는 창조의 개념입니다.

　요리는 인간의 창조 행위 가운데서도 독특한 것입니다. 특히 창조 행위로서 요리에는 미세함의 미학이 본질적으로 깔려 있습니다. 요리에서는 미세한 차이로 맛이 확 달라지는 걸 인간 감각이 바로 감지할 수 있기 때문이지요. 그래서 혼밥이라도 즐겁게 요리해 버릇하면 섬세함과 정교함의 미적 능력이 길러져 일상의 다른 분야에도 긍정적 영향을 줄 수 있지요. 가끔 하는 요리는 건강에도 좋습니다. 식사 전 요리하느라 몸의 움직임이 있기 때문에 육체 건강에 좋고, 창조 행위의 하나이기 때문에 정신 건강에도 좋지요.

그러므로 혼자 하는 식사라도 주문 배달이나 레디메이드 음식보다는 요리를 해서 준비하는 것이 단순한 혼밥 행위를 의미 있는 '혼밥 문화'로 만드는 지혜입니다. 그러면 단순한 혼밥이 화려한 고독의 만찬이 됩니다. 비용 면에서 더 경제적일 수도 있습니다. 외식이라면 어쩔 수 없겠지만, 집이라면 되도록 요리라는 일상의 미학적 예술적 문화 행위를 향유하는 것이 좋지 않을까요. 사회성과 문화성이 배제된 삶에 습관이 들 때는 삶의 의미 또한 조금씩 누수 현상이 보이는 법이랍니다.

나르키소스가 죽자 호수는 말했다

물에 비친 자신의 모습을 보기 위해 매일 호수를 찾던 나르키소스는 자신의 아름다움에 매혹돼 결국 호수에 빠져 죽고 그 자리엔 수선화가 피었다. 나르키소스가 죽었을 때 요정들이 찾아와 그의 아름다움을 매일 가장 가까이서 볼 수 있었던 호수를 위로했다. 그의 죽음이 얼마나 슬프겠냐고. 그러자 호수는 이렇게 되물었다. "나르키소스가 그렇게 아름다웠나요?" 의외의 말에 요정들은 당혹스러웠다. "그대만큼 잘 아는 사람이 어디 있겠어요? 나르키소스는 날마다 그대의 수면 위로 몸을 구부리고 자신의 얼굴을 들여다보았잖아요!" 호수는 한동안 가만히 있다가 조심스레 입을

열었다. "저는 지금 나르키소스의 죽음을 아쉬워하고 있지만, 그가 그토록 아름답다는 건 전혀 몰랐어요. 저는 그가 제 위로 얼굴을 비춰 볼 때마다 그의 눈동자에 비친 나 자신의 아름다운 모습을 볼 수 있었어요. 그런데 그가 죽었으니 아, 이젠 그럴 수가 없잖아요!"

위 이야기는 오스카 와일드가 각색했다는 나르키소스 신화입니다. 서구에서 나르키소스 신화는 다양한 변주를 보이지만, 그 결말은 항상 우리를 섬뜩하게 합니다. 호수는 나르키소스를 애도한 게 아니라, 자기애를 향유할 기회를 상실하게 된 자신을 슬퍼하고 있었던 것이죠. 타자의 비극적 죽음 앞에서도 그 죽음의 의미를 자기애의 쾌락을 상실했다는 차원으로 흡수해버리는 잔인함마저 있습니다.

호수와 나르키소스에게는 오로지 '자기만' 존재했던 것입니다. 타자는 나를 비춰주는 매체로서만 가치가 있었던 것이죠. 고대의 나르키소스가 수면에 매어 있었다면, 현대의 나르키소스는 화면에 매어 있습니다. 그 화면 속에는 아름답게 치장된 자신의 모습이 담겨 있습니다. 셀카는 말 그대로 타인을 찍기보다는 자신을 찍기 위한 행위입니다. 현대의 나르키소스는 디지털 기기의 화면에서도 언제나 자기 자신을 보고, 동료의 눈동자에서도 자기 자신을 찾습니다.

안 그럴 것 같지만 이른바 소셜 네트워크 서비스SNS는 관계 맺기 이상으로 자기 표출적 욕망의 창구가 됩니다. SNS의 심층을 이해하기 위해서는 사회적 차원 이상으로 문화적으로 접근하는 것이 필요합니다. 표현한다는 것은 전형적인 문화 행위이지요. SNS 사용자들은 자신의 모습, 감정, 삶의 경험들을 '자발적으로' 공개합니다. 이는 자신을 적극적으로 표현할 수 있는 기회를 확장하는 것이지요. 이런 문화 행위는 자아를 표출함으로써 나아가 되도록 많은 사람들로부터 인정받음으로써 자아실현의 욕구를 충족시키려 하는 것입니다. 사회 관계망을 활용하지만 자기중심적 행위에 도취하기 쉬운 거지요.

SNS는 '친구 맺기' 이전에 사용자 개개인 모두가 주인공이 되어 스스로 자신의 '삶을 연출'하는 공간입니다. 그리고 친구의 반응에서 연출된 자신을 보지요. 나르키소스의 눈동자에서 자신의 모습을 향유했던 호수처럼. 사용자가 깊은 관심을 갖고 노력을 들이는 부분도 바로 이 연출의 차원이 아닐까요. SNS의 구호로 걸맞은 것은 아마도 '나는 연출한다. 고로 존재한다'일지 모릅니다.

문자메시지는 또 어떤가요? 문자 보내기에는 여러 가지 편리함이 있지만, 상호성을 줄이고 일방성을 강화하는 특성 또한 있습니다. 전화 같은 동시적 상호 소통이 갖는 미묘함을 내 쪽에서 시차적으로 사전 통제하려는 '나의 일방성'이 잠재되어 있음을 전적으로 부정할 수 있을까요.

물론 디지털 미디어들은 순기능이 많고, 그것을 부정하는 건 아닙니다. 진솔한 사회적 관계 맺기의 차원에서 잘 활용하면 단점과 약점보다 장점과 강점이 훨씬 더 많을 수 있습니다. 사이버공간은 누구에게든 즐겁고 아름다운 공간이 될 수 있습니다. 하지만 약점의 특징은 의외로 치명적일 수 있다는 데에 있습니다. 나르시시즘의 약점은 '상처받기 쉽다'는 데에 있지요. 자기애에 침잠해 있다 보면, 타자성이 축소되고 외부의 부정적 자극에 의외의 상처를 입을 수 있습니다. 사소한 예로 SNS에서 '좋아요'를 기대했다가 인정받지 못하거나 문자메시지가 '무시'될 때, 속이 좀 상하지요. 셀카를 신경 써서 많이 찍지만 만족스럽지 못해도 좀 그렇습니다. 그럴 때마다 우리 가슴속 나르키소스는 꺾이고 애처롭게 수선화가 피어나곤 할지 모릅니다.

놀이가 놀이가 되려면

근대 올림픽 게임 역사상 개막 직전까지 개최 자체의 불확실성을 비롯해서 참으로 '말 많았던' 올림픽을 꼽으라면 2016년 리우데 자네이루 올림픽을 꼽을 겁니다. 그런데 리우 올림픽은 의외로 큰 '탈 없이' 치러졌습니다. 앞선 올림픽들보다 소박했지만 오히려 인간적 감동과 즐거움이 풍부했던 올림픽이었다는 점에서 긴 여운을 남겼던 것 같습니다. 그건 아마도 리우 올리픽이 우리를 '놀이하는 인간'의 본질적 의미에 더욱 가까이 다가가게 했기 때문이 아닐까 생각해봅니다. 그래서 다가오는 다음 올림픽을 위한 사전 성찰의 자료가 되어줍니다.

올림픽의 발상지였던 고대 그리스의 철학자 플라톤은 "무엇이 바르게 사는 방법인가?"라고 자문하고는, "삶을 놀이하면서 살아야 한다. 곧 게임을 하거나, 제례를 기꺼이 지내거나, 노래하고 춤추거나 하며 살아야 한다. 그러면 신을 달랠 수 있고, 적을 당당히 상대할 수 있으며, 싸움에서 이길 수 있다"라고 했습니다. 이렇듯 고대 사상에서부터 놀이가 인간의 삶에서 본질적이며 고귀한 가치를 지닌 것임을 일깨워주고 있습니다.

호모 루덴스, 곧 놀이하는 사람의 개념을 정립한 요한 하위징아는 인간 문화의 다양한 분야를 관찰하고 분석함으로써 놀이의 특성을 파악하고자 했습니다. 그 특성은 놀이의 의미를 성찰하는 데 오늘날에도 되새겨볼 만한 것입니다. 하위징아는 무엇보다도 '자발적으로 즐기는 행위'를 놀이의 특성으로 꼽았습니다. 누가 하라고 해서 하는 놀이는 이미 놀이가 아닌 것이죠. 어떤 분명한 목표에 매여서 하는 놀이도 놀이가 아닙니다. 하위징아는 "자유라는 본질에 의해서만, 놀이는 자연의 필연적 진행 과정과 구분된다"라고 했습니다. 즉 문화가 되는 것입니다. 그래서 놀이를 인간 문화의 본질적 요소로 보았던 것입니다.

리우 올림픽에 참가했던 많은 선수들이 다양한 놀이를 자유롭게 즐기려 했던 것 같습니다. 몇몇 우리 선수는 즐기다 보니 좋은 성과를 얻었음을 새삼 알게 되었던 것 같습니다. 이런 올림픽의 소중한 경험을 계기로 스스로 즐기는 행위를 가치 있는 것으로 받아들이는 사회·문화적 분위기가 자연스럽게 확산되었으면 합니다.

놀이의 또 다른 특징은 '질서'입니다. 자유를 논하다 돌연 질서를 말하니까 의아해할 수 있겠지만, 놀이는 질서를 스스로 창조하며 존재합니다. 아무 때나 아무 곳에서나 아무렇게나 노는 것이 아니기 때문입니다. 놀이는 놀이 고유의 과정과 의미를 지닙니다. 시공간의 한계 안에서 놀이는 스스로 질서를 창조하며, 그렇게 창조한 질서 그 자체가 됩니다. 이런 내재적 질서를 유지하기 위해 구체적으로 정해놓는 것이 놀이의 규칙입니다. 이런 규칙은 놀이마다 다르지만 어떤 놀이에도 빼놓을 수 없는 규칙이 있습니다. 상대를 인정하라는 규칙입니다. 이에는 당연히 상대에 대한 존중과 배려가 포함됩니다. 올림픽에서도 이런 규칙을 성실히 지켜 진한 감동을 준 선수들이 있었죠.

그러므로 진정한 놀이는 그 자체로 '공정한 놀이fair play'여야 합니다. 페어플레이는 높은 수준의 성취를 이룬 놀이가 아니라,

놀이가 놀이이기 위한 기본 조건입니다. 놀이의 자유와 질서의 내적 결합은 또한 놀이가 미적 영역에 속한다는 것을 보여줍니다. 즐겁고 자유롭게 '질서 잡힌 형식을 창조하고자' 하는 열정은 '아름다워지려는 경향', 곧 예술적 성향과 상통하기 때문입니다. 그래서 페어플레이는 아름답습니다.

올림픽이 막을 내리면 우리는 일상으로 돌아와야 합니다. 놀이는 또한 '비일상적'이라는 특징을 지니고 있으니까요. 하지만 바로 그 비일상성이 우리 일상에 활력을 불어넣고 플라톤이 의도했던 것처럼 정신의 확장을 가져옵니다. 이것이 우리가 다음번 '호모 루덴스의 올림픽' 또한 기꺼이 기다리는 이유입니다.

책 읽기는 애써 해야 합니다, 윤리적으로

문자, 독서, 출판, 책.

인류 역사에서 매우 중요한, 아니 중요했던 말들입니다. 오늘날 이들은 모두 심각한 위기에 있습니다. 이들을 거론하는 데 과거형을 써야 할 만큼 말입니다. 2017년 벽두의 출판계 소식이 국내 대형 도서 도매상의 부도 사건이었다는 것도 이를 증명합니다. 지금도 서점과 출판계에 그 부정적 여파가 절박하게 진행되고 있습니다.

책의 위기는 물론 어제오늘의 일이 아닙니다. 한참 전의 일입니다. 20여 년 전에 저도 이미 이런 글을 쓴 적이 있습니다. "많은 사람들에게 책은 이미 구시대의 산물이 되어버렸다. 서둘러 책의 종언을 선포한 사람들도 있다. 오늘날 디지털 코드들은 자모음 코드들에 대항하여 곧 항복을 받아낼 태세이다."

물리학자 프리먼 다이슨은 "앞으로 50년을 지배할 기술은 어느 정도 자신 있게 예측할 수 있지만, 100년이 넘으면 기술에 대한 예측이 불가능하다"라고 했습니다. 문화적 변동을 예측하는 것은 기술의 발전을 예측하는 것보다 더 어렵습니다. 책의 소멸은 이미 수십 년 전에 예측되기 시작했지만, 책이 언제 인류 문화에서 완전히 사라질 것인지 예측하기는 어렵습니다.

그럼에도 예측의 도박을 한다면, 앞으로 50년 안에는 그런 일이 일어나지 않을 것입니다. 그 근거는 인류에게 지식 생산과 습득의 수단으로서 '호흡이 긴 문자 문화'의 역할이 있기 때문입니다. 그것은 사이버공간에서의 호흡 짧은 정보의 난무에 균형을 맞추는 역할을 하기 때문에 쉽게 무시할 수 없습니다. 상상력과 통찰력이라는 점에서도 책과 독서는 많은 이점이 있습니다.

또 다른 차원도 있습니다. 독서는 '윤리적 훈련'에 도움을 줍니다. 윤리적 필요는 '하기 싫은 것을 애써 하는 것'과 연관 있기 때문입니다. TV 시청과 스마트폰 게임은 하지 말라고 해도 하지만, 책 읽기는 애써 해야 합니다. 이런 윤리적 수련은 일상적 삶의 내공을 키워줍니다.

앞서 50년이라고 한 것은 종이 책 기준입니다. 전자책e-book은 그보다 더 오래갈 것입니다. 100년은 갈 것입니다. 그 이후는 모릅니다. 흥미로운 것은 우리나라에서 전자책이 상용화된 지 십수 년이 지났지만, 그 탄생과 함께 소멸의 그림자가 드리우기 시작했다는 사실입니다. 우리나라에는 근본적으로 '독서 인구 소멸의 문제'가 존재합니다.

이제 우리는 책을 어떻게 대해야 할까요. 이에 답하기 위해서는 '책의 존재적 조건'을 잘 살펴보아야 합니다. 인류 문명사에서 수천 년을 장수한 책의 수명이 50년 또는 100년밖에 안 남았다는 것은, 책이 죽어가고 있다는 뜻입니다. 책은 문명적으로 말기 암 선고를 받은 상태입니다. 하지만 죽어가고 있다는 것은 살아 있다는 뜻입니다.

이 점이 중요합니다. 말기 암 환자는 들어둘 만한 소리를 많이 하는 법입니다. 머지않아 이별을 고해야 할 책이라는 환자는 보석 같은 말들을 남기고 있습니다. 우리의 시대는 그것을 경청할 수 있는 마지막 기회입니다.

책의 죽음이 선고되었는데도 책을 쓰거나 읽는 사람들은 도대체 무엇 하는 사람들인가 하는 비웃음 속에서도 우리가 해야 할 일이 있는 겁니다. 이는 억지로 책의 목숨을 연장시키려는 것도, 서둘러 안락사시키려는 것도 아닙니다. 지금 책이 바라는 건 사랑의 손길입니다. 책은 자신이 남길 마지막 말들을 누군가 들어주길 바라고 있습니다. 죽은 자에게는 사랑을 줄 수가 없습니다. 그러나 책은 아직 살아 있습니다. 독서라는 사랑의 손길을 기다리며 살아 있습니다.

너무도 아름답고 경이로운 무수한 형태들

"다양성이 왜 중요한가요?" 학기 말 세미나 자유 토론 시간에 한 학생이 불쑥 던진 질문입니다. 세미나 수업의 좋은 점은 다양한 주제에 대해 자유롭게 토론할 수 있다는 것입니다. 학기의 마지막 세미나 시간에는 교과목의 주제와 직접 관계없는 질문과 토론에도 기회를 줍니다. 이럴 경우 '엉뚱한 주제'를 제시하기도 하고, 오래 망설였던 '당연한 질문'을 하기도 합니다. 그 학생은 우리가 지금 다양성을 가치 있는 것으로 여기며 자신도 그런 흐름을 따라가고 있는 것 같은데 그 이유에 대해 자신이 없었던 모양입니다.

다양성이 중요함을 여러 관점에서 설명할 수 있겠지만, 가장 설득력 있는 논리는 그것이 '생존의 문제'라는 것입니다. 죽고 사는 문제이기 때문에 중요한 겁니다. 일정한 생명 집단을 이루는 개체들이 모두 동일하다면 내부적 갈등의 문제는 없겠지요. 하지만 환경 변화나 다른 집단의 공격 같은 외부의 간섭과 침투에 매우 취약합니다. 치명적이기까지 합니다. 그에 대한 반응과 문제 해결 방식이 획일적이기 때문입니다. 영생永生을 할 수 있는 생명체 집단이라 할지라도 개체가 모두 동일하다면 치명적인 요소가 하나만 침투해도 몰살하겠지요.

외연을 갖지 않은 집단은 없습니다. 무한한 우주 전체를 하나의 동일한 집단으로 삼을 수 있는 절대적 존재가 아니면 말입니다. 그러므로 외부의 간섭과 침투는 상존하며 이에 반응해야 합니다. 곧 변화와 문제 발생에 대응해야 합니다. 각기 다른 개체는 다양한 방식으로 대응함으로써 살아남기도 하고 피해를 입기도 하며 소멸하기도 합니다. 그래서 다양성을 확보한 집단은 존속할 수 있습니다. 다양성의 정도와 생존 가능성은 비례합니다.

이는 현대 농업과 축산업에서도 확인할 수 있습니다. 선택된 종種에만 의지하는 획일화된 농업은 한 가지 병충해에도 전체 수확이 위협받습니다. 구제역이나 조류인플루엔자 같은 동물 전염

병이 자연 상태의 개체보다 사육되고 있는 동물들에게 쉽게 확산되는 것도 그 다양성의 정도가 낮기 때문입니다. 사실 '종 다양성'은 단순한 개념입니다. 종 다양성은 생명의 세계 그 자체를 의미하기 때문입니다.

시대를 앞서갔던 16세기 사상가 조르다노 브루노는 "세상을 이루고 있는 사물은 다양하다. 그러므로 자연의 이치에 맞추어 살기를 원한다면 삶에 다양성의 옷을 입혀라!"라고 했습니다. 세계의 존재 이유와 다양성이 불가분함을 역설한 것이지요. 철학자 질 들뢰즈는 "다윈의 위대한 참신성은 아마 개체적 차이를 처음 사유했다는 데 있을 것"이라고 했습니다. 다윈은 자연에는 엄청난 개체적 차이와 다양성이 존재한다는 점을 매우 중요하게 생각했습니다. 그의 주저 『종의 기원』은 여러 판본을 거쳤습니다. 그러면서도 고스란히 유지된 문구가 있습니다. 자연과 생명을 묘사하는 그 문구는 "너무도 아름답고 너무도 경이로운 무수히 다양한 형태들Endless forms most beautiful and most wonderful"입니다. 자연 자체가 다양하며, 다양성은 자연을 존재하게 하는 원리입니다. 동양 사상에서는 '자연과 동화하는 삶'을 강조해왔습니다. 구체적으로 그런 삶은 자연의 다양성을 깨닫고 그 이치에 따라 사는 것입니다.

인간은 문명화 과정에서 사물을 구분해서 범주를 정하고 일정한 방식으로 동식물을 사육하고 경작해왔습니다. 이 과정에서 자연의 근원적 다양성에 대해 망각의 경험 또한 해왔습니다. 이런 경험이 종종 일상에서도 자연의 다양성을 제대로 보지 못하게 합니다. 무심하게 바라본 얼룩말의 무늬는 모두 똑같아 보이고, 하늘의 별들은 모두 오각형으로 반짝이는 것처럼 보입니다. "초원의 얼룩말들은 다 똑같아!"라고 말하는 사람은 생명의 원리를 알 수 없으며, "하늘의 별들은 다 똑같아!"라고 하는 사람은 우주의 진리에 가까이 갈 수 없습니다.

생물 다양성이 자연에 필요한 것처럼 문화 다양성은 인류에 필요합니다. 다양성은 생물·물리적 세계뿐만 아니라, 인간의 정신적이고 정서적인 세계에도 활력을 불어넣으며 교류, 혁신, 창조성의 근원이 됩니다. 가장 큰 다양성을 지닌 집단이 가장 안정적이고 발전적입니다. 다양한 환경에서 어떻게 살아가야 할지 방법을 모색하고 타자와 협력하는 일은 인류가 진화하고 개인이 발전하는 동기가 되어왔습니다. 다양한 환경은 더 많은 가르침과 깨달음을 뜻하고 문제 해결을 위한 선택의 기회 또한 더 많음을 의미하기 때문입니다.

얼굴 보며 살아갑시다

우리나라에서는 특히 2016년을 기점으로 인공지능과 이른바 '4차 산업혁명'에 따른 삶의 변화가 시대적 핫이슈가 되어왔습니다. 2016년 봄에는 저 유명한 알파고와 이세돌의 바둑 대결인 '구글 딥마인드 챌린지 매치Google DeepMind Challenge Match'가 있었고 이를 계기로 인공지능에 대한 관심이 급증했습니다. 같은 해 초에 이미 다보스에서 열린 '세계경제포럼'에서 4차 산업혁명을 기본 의제로 다루었지요. 최근 몇 년 동안 '국제전자제품박람회'에서도 인공지능 연관 기술들이 주인공이 되고 있습니다.

인공지능과 로봇이 과학, 문화, 경제, 정치의 차원을 모두 아우르는 시대의 화두가 되고 있는 겁니다. 그런데 막상 이런 변화를 맞아 우리가 일상에서 어떤 점을 유의하며 살아가야 할지에 대해서는 별말들이 없는 것 같습니다.

사람이 발명하고 생산해내는 스마트한 기기들은 사람 사이에 끼어듭니다. 자꾸 끼어들어 사람 사이를 소원하게 합니다. 이것은 이미 오래전에 시작된 일인데, 라디오와 텔레비전이 있으면 아무도 안 만나고 방에 콕 틀어박혀 세상 소식을 접할 수 있습니다. 컴퓨터와 스마트폰만 있으면 나 홀로 많은 일을 처리하고 오락을 즐기며 살아갈 수 있습니다. 인공지능 기기들에 둘러싸여 그들의 서비스를 받으면 대인 관계 없이 안락한 생활을 영위할 수 있습니다. 이들의 특성은 자신이 사람과 밀착함과 동시에 사람 사이를 떼어놓는 데에 있습니다. 즉, 넓은 의미에서 이들은 사람 사이의 관계가 직접적이고 즉각적im-mediately이지 않도록 끼어드는 mediate 매개체media인 것입니다.

인생의 반려자가 되는 인공지능 기기들이 집 안에 들어올수록 오히려 '사람 사이의 연대'에 신경을 써야 합니다. 그들이 사람 사이에 끼어들지 않는 삶의 순간들을 일상에 마련해야 하는 과제가 우리 앞에 있습니다. 쉽게 말해, 사람 사이에 '얼굴 맞대기'를 하는 시간들을 일상의 여러 차원에서 종종 갖도록 생활을 계획해야 합니다. 생생한 얼굴 맞대기는 인공지능이 보편화하는 삶의 환경에 균형을 맞추어줍니다. 그래서 중요합니다.

그것이 중요한 또 다른 이유도 있습니다. 인간의 두뇌는 상호 자극을 받으면 예기치 못한 생각을 만들어낼 수 있습니다. 미래의 불확실성에 대한 해결의 아이디어를 창출해낼 수도 있습니다. 얼굴 맞대기처럼 사람 사이의 진지한 만남은 '창의적 기회'입니다. 사람과 사람이 진지하게 직접 연결될 때, 인간의 감성은 확장되고 정신은 선명해집니다. 곧 지혜롭게 됩니다.

인공지능 로봇이 인간에게 위협적일 수 있다는 두려움이 있는 것 같습니다. 얼굴 맞대기는 과학기술의 발전이 인간을 궁극적으로 자기 파멸에 이르게 할 수 있다는 두려움을 떨쳐버리고, 로봇과의 공존을 위한 해법을 찾는 데도 두뇌의 시너지 효과를 내도록 할 수 있습니다. 얼굴 맞대기는 일상의 대책으로 출발하지만 궁극의 문제에도 해결책이 될 수 있는 소중한 삶의 과제입니다.

디지털 사회가 진행되면서, 약화된 '대면적 친밀감에 대한 향수' 때문에 이런 말을 하는 것은 아닙니다. 사실 우리는 얼굴 맞대기, 곧 대면 소통의 중요성을 오래전부터 잘 알고 있습니다. 우리는 좋은 시작을 위해 맞선을 보고, 면접을 합니다. 다른 한편 범죄 용의자를 수사할 때, 대면 조사는 필수입니다. 좋은 일을 위해서도 대면성이 중요하고, 나쁜 일을 해결하는 데도 대면성이 중요합니다. 그런데도 우리는 일상에서 얼굴 맞대기를 자주 잊고 사는 거지요.

알파고와 이세돌의 바둑 대결에서 맞선과 대면 수사에 이르기까지 동떨어진 이야기 같지만, 사실 서로 깊이 연계되어 있습니다. 이런 연계성을 인식하는 것도 오늘날 '급속히 현재가 되고 있는 미래'를 이해하고 그에 대처하는 일상의 지혜입니다.

흔들림 위에서 춤추라

변화는 종종 개념에서 시작됩니다. 우리는 '변화를 앞세운' 현대 사회에 살면서도 그 변화를 일으키는 아이디어와 개념에는 무심할 때가 많습니다. 하지만 그것은 우리의 일상적 삶과 밀접해서, 슬쩍 넘어가기에는 뭔가 손해 볼 일이 생길 것 같기도 합니다.

벌써 한 세대 이전에 디지털 문화가 우리 삶을 주도하면서 수많은 개념어를 일상에 들여왔지요. 정보와 지식, 가상현실, 지식기반 사회, 4차 산업혁명, 인공지능……. 쉬운 예로 "이 폰은 왜 '스마트폰'이지?" 하는 물음도 개념에 대한 궁금증입니다. 이런 개념들은 우리 삶을 은근슬쩍 특별한 패턴으로 세팅해갑니다. 그러므로 일상에서 이런 것들에 대해 숙고하는 시간 또한 필요합니다. 이는 역사를 의미 있게 사는 방법이기도 합니다. 시대의 흐름에 떠밀려 살아가기만 하는 게 아니니까요.

디지털 사회가 시작되면서 유난히도 '지식'은 문명사적 변동을 설명하고 사회의 오피니언을 주도하는 '열쇠 개념'이 되었습니다. 더 멀게는 벌써 반세기 전 후기 산업사회를 전망한 학자들이 경험을 넘어서는 지식을 강조했으며, 요리에 빗대어 재료에 대한 레시피로서 지식을 개념화함으로써 이미 소프트웨어적 성격의 지식을 부각했고, 지식 기반의 창조적 문화를 경제·경영에 접목하려 했습니다. 그래서 다시금 이 지식 기반이란 개념을 숙고하는 것도 재미있을 것 같습니다.

그런데 인류 역사에서 지식이 삶의 기반이 되지 않았던 시대가 있었나요? 고대로부터 다양한 지식 없이 농사를 지을 수 없었고, 항해에는 수학·천문학적 지식이 필수였습니다. 그러면 오늘 우리 사회를 특별히 지식 기반 사회라고 하는 까닭은 무엇일까요?

결론부터 말하면 지식의 성격이 변했기 때문이며, 따라서 그 기반의 성질이 변했기 때문입니다. 전에는 한번 인정받은 지식은 삶의 기반처럼 튼튼하고 오랫동안 변치 않았습니다. 마치 주춧돌이 집 전체를 긴 세월 동안 굳건히 받치듯 말입니다. 지식의 생명이 길었습니다. 지식이 장수하는 시대에 지식은 튼튼한 기반처럼 안정적이었습니다.

그러나 오늘 우리 사회는 새로운 지식을 지속적으로 창출하는 것이 특징입니다. 개별 지식의 수명은 점점 더 짧아집니다. 지식 기반 사회는 자신이 기반으로 삼는 것이 항상 변할 수 있는 사회입니다. 지식이 단명하는 시대에는 어이없게도 유동적인 것을 기반으로 삼는 역설을 실천해야 합니다. 이런 특별한 의미에서 지식 기반 사회의 실천은 인류에게 대단한 도전입니다. 유동적 기반의 '경쾌한 불안'을 즐길 줄 아는 능력이 필요하니까요.

전에는 '사상누각沙上樓閣을 짓지 말라!'라는 금언이 소중했습니다. 튼튼하고 변치 않는 기반 위에 누각을 지어야 하지, 모래처럼 유동적인 것 위에 지어서는 안 된다는 말이죠. 그러나 이미 기반이 유동적인 상황에서는 어떻게 해야 할까요? 그 기반을 능숙하게 제어하며 유연하게 '춤추는 사상누각'을 지어야겠지요. 발상의 전환이 필요합니다.

이는 공적 영역에서나 사적 영역에서나 중요합니다. 모든 정책과 사업을 위한 계획과 시스템은 유동적인 기반 위에서 유연하게 춤추는 사상누각과 같아야 하기 때문입니다. 지식은 지속적으로 창출되고 소모되며 소실되지만, 그렇게 유동적이고 역동적인 것을 활용하는 사람의 능력 또한 춤추는 사상누각과 같아야 합니다. 지식 기반 사회의 진의 또한 여기에 있습니다. 이 말에서 방점은 그 표현에 드러나 있는 '지식'에 있다기보다 그 표현에 숨어 있는 '사람'의 능력에 있기 때문입니다. 지식을 춤추듯 활용하는 사람의 창의력과 상상력 말입니다.

이런 도전은 지속적인 노력을 요구하고 삶을 피곤하게 할 수 있습니다. 그러나 지식이 단명하는 시대에는 사람이 더욱 소중해진다는 이점도 있습니다. 이끼 낀 주춧돌같이 장수하는 지식은 생동하는 사람의 욕구와 능력을 은폐할 수 있습니다. 반면에 지식이 지속적으로 창출되고 소실되면, 이를 창의적으로 활용하는 사람이 춤추는 사상누각을 위한 안무의 능력을 발휘할 수 있습니다. 그러면 모래 위에서 춤추는 누각은 미학적 가치 또한 획득할 것입니다. 기막히게 아름다울 것이기 때문입니다.

4차 산업혁명은 없습니다

4차 산업혁명, 요즘 이 말이 거의 우리 일상을 지배하고 있는 것 같습니다. 2016년 스위스 다보스의 세계경제포럼에서 제안된 개념이 우리나라에서 가장 많이 회자되고 있습니다. 모두 '개념의 얼리어답터early adopter'가 되었다고나 할까요.

특히 '혁명'이라는 말은 사람들의 의식에 경종을 울립니다. 위기의식을 느끼게 합니다. 그래서 사람들은 이 '혁명적 개념'을 다른 것 다 제치고 자기 일상에서 가장 민감한 분야에 바로 접목시킵니다. 즉, 어떤 직업이 사라지고 어떤 직업이 새로 생길 것인지에 대해 지대한 관심을 보입니다. 현대사회에서 직업은 곧 생명이라고도 할 수 있으니까요. 그래서 직업에 대해 이야기할 때는 진지한 태도가 필요합니다.

4차 산업혁명을 대하는 태도에 '호들갑'은 있는데 '알맹이'는 없다는 자성의 소리도 나올 법합니다. 이럴 때일수록 좀 차분해질 필요가 있겠지요. 새로운 현상에 접근하는 방법론이 필요한 것 같습니다. 방법론이라고 해서 거창한 건 아닙니다. 사물을 보는 합리적인 관점 같은 것 말입니다.

지금까지 사람들은 4차 산업혁명의 핵심 기술이라고 할 수 있는 인공지능과 로봇을 주로 '대체'의 관점에서 보는 것 같습니다. 그래서 이들이 본격적으로 우리 일상생활에 등장하면서 기존의 삶에 필요한 여러 '작업'을 넘어 '직업'을 대체한다고 말합니다. 서비스업에서 법률, 행정, 의료 분야까지도 로봇에 의해 대체될 수 있다는 겁니다.

하지만 현상을 대체가 아니라 공존의 관점에서 볼 필요가 있습니다. 사실은 공존의 지혜가 현실적이며 그것이 필요합니다. 사람의 직업은 사라지는 게 아니라 로봇과 공존하는 직업으로 '가지치기 진화'를 할 겁니다. 전문가들이 해야 할 일이지만 공존의 구체적 모형에 대한 연구가 필요합니다. 결국 인공지능 주도화 정책도 이 모형들을 개발하는 과제를 안고 있습니다.

4차 산업혁명의 개념을 본질적으로 이해하기 위해서도 역사적 공존의 지혜가 필요합니다. 그 말 자체가 통시적으로 앞서 있었던 역사를 전제하며 그것을 이어가는 것이기 때문입니다. 1980년대 초 미래학자 앨빈 토플러가 인류의 문명을 농업 단계인 제1의 물결, 산업 단계인 제2의 물결, 그리고 디지털 정보화의 도래에 따른 제3의 물결이라는 3단계로 나눈 것은 잘 알려져 있습니다. 저는 이런 구분과 제3의 물결이라는 개념의 '과다함'을 비판한 적이 있습니다. 토플러가 주장한 것은 제3의 물결이 아니라 제2의 물결의 연장선상에 있다는 이유에서였습니다.

1만 3천여 년 전에 시작해 일상적 삶의 세세한 부분까지 인류 문명의 근간이 된 농업은 제1의 물결이라 할 만합니다. 18세기 중·후반에 일어난 산업혁명도 제2의 물결에 걸맞은 혁명이라고 할 만합니다. 농업 위주에서 '산업' 위주로의 전환은 인류의 삶을 통째로 바꿨다고 할 만하기 때문이며, 경제적 차원에서만 보아도 대전환이었기 때문입니다. 이 혁명의 핵심 요소인 '기술 개발'에 의해 '손을 기계가 대체'한다는 것과 '대규모 생산'의 시작은 기계를 움직이는 '동력'의 개념을 부상하게 했고, '생산'의 의미를 경제의 중심에 놓음으로써 '생산수단의 소유'를 본질로 하는 기업을 탄생시키고 이들이 생산을 주도하게 했습니다. 이에 따라 현대적 의미의 '직업'과 '직장' 그리고 '노동'이란 것도 탄생했습니다. 인더스트리industry라는 말을 동양에서 산업産業이라고 번역한 것은 어쩌면 적절한 의미 번역이라고 할 수 있습니다. 생산生産의 본질적 의미를 보여주니까요.

무엇보다도 '필요에 의해 생산을 하던 시대'에서 '생산이 필요를 유도하는 시대'로 바뀐 것입니다. 쉽게 말해 산업혁명 이후 사람들은 자신이 필요한 것을 만들거나 물물교환하거나 사는 게 아니라 기업에 의해 제공된 생산품을 필요한 것으로 인식하고 소비하게 된 것입니다. 이는 곧 기업의 조직적 생산 시스템의 발달과 맞물려 있고, '일상의 미적 감수성'을 활용하는 시장 전략을 포함한 소비의 문제와 연결되며, 결국 현대자본주의 경제의 본질적 장점과 단점을 모두 담고 있는 겁니다. 이러한 경향은 토플러식 표현에 따른 '제3의 물결' 시대인 오늘날에도 계속되고 있습니다. 제1의 물결에서 제2의 물결로의 전환을 특징지은 것은 '생산의 주도'입니다. '산업'의 관점에서 보면 우리는 아직 제2의 물결을 타고 있는 거지요.

오늘날 4차 산업혁명의 개념을 주창한다는 것은 현재 문명이 제2의 물결 위에 있음을 암암리에 인정하는 것입니다. 실제로 다보스포럼에서 제안된 4차 산업혁명의 개념은 산업혁명이 일어났던 18세기에서 지금까지를 4단계로 나누고 각 단계별 산업 생산품이 우리 삶을 어떻게 변화시켜왔고 변화시켜갈지 구분하고 있습니다. 그 네 번째 단계를 4차 산업혁명이라고 명명한 것입니다. 엄밀히 말해 그것은 새로운 산업혁명이 아니라 '산업혁명의 네 번째 단계'인 것이지요. 이 네 번째 단계에서도 여전히 손을 동력 기계가 대체했듯이 사람을 로봇이 대체하며, 기술 개발과 혁신에 의해 '유도된 필요성'으로서 새로운 생산품들이 나오고, 이것이 경제성장을 견인할 것임을 강조하고 있습니다.

이것은 우리에게 무엇을 시사할까요? 이는 현재의 변화를 이해하고 현실적으로 대처하기 위해서는 4차 산업혁명이라는 표현의 중심에 있는 단어, 즉 '산업'의 의미에서부터 다시금 차분히 성찰할 것을 요구하는 것입니다. '4차'나 '혁명'처럼 자극적인 단어에 미혹될 것이 아니라, 인류 문명에 대변혁을 가져왔던 역사성이 있는 단어가 내포하고 있는 의미들을 성찰하는 것이 어느 때보다 필요합니다. 그것은 우리 삶의 여러 가지 차원들, 인간과 기계, 생산과 소비, 기업과 경제정책, 생활 패턴 및 일상의 미학, 그리고 점점 더 심각해지는 환경문제 등과 여전히 긴밀하게 연계되어 있기 때문입니다. 차이와 본질을 모두 볼 줄 알아야 합니다. 이것이 4차 산업혁명에 관심을 갖는 사람들뿐만 아니라 그것을 새로운 시대의 전환점이라고 주장하는 전문가들에게 더 필요한 시사점일지 모릅니다. 자신들이 일으키고 있는 혁명에 개념이 잡히지 않고 의미가 없다면, 곧 철학이 없다면 혁명은 없는 것이니까요.

대학교도 학교입니다

국가 공동체가 '더 나은 삶'을 위한 다양한 개혁을 시도할 때 빠지지 않는 것이 교육개혁입니다. 현 정부도 국가교육회의를 설립하고 폭넓은 교육개혁에 시동을 걸고 있습니다. 교육개혁의 스펙트럼은 항상 넓습니다. 초등학교에서 대학에 이르기까지 교육의 과정 자체가 통으로 연결돼 있기 때문입니다.

문제는 개혁의 진행 방향입니다. 지난 반세기 동안 교육개혁의 방향은 초등학교에서 시작해 중학교 입시, 중·고교 교육, 대학입시의 방향으로 진행해왔습니다. 이는 그동안 개혁의 추동력이 항상 대학 개혁 앞에서 멈추었다는 뜻입니다. 대학부터 개혁하고 그 큰 그림 아래에서 고등학교, 중학교, 초등학교 교육 및 각 단계 사이에 있는 입시 개혁이 이뤄졌어야 하는데 그런 적은 한 번도 없었습니다. 대학은 개혁의 사각지대였습니다. 우리나라에서 교육에 대한 관심은 대학 입시 때까지만 한 가정의 일상생활을 점령할 정도이고, 그다음에 오는 대학 교육 자체는 일상적 관심사 밖에 있습니다.

이런 '교육개혁의 역사'에는 여러 가지 이유가 있겠지만 가장 본질적인 이유는 의외로 간단한 데 있습니다. 고등학교까지는 너무도 당연하게 학교로 알고 있지만 대학교를 학교로 인식하지 않는 데 있습니다.

대학교도 학교입니다. 물론 고등학교까지의 교육기관들과 대학 사이에는 큰 차이가 있습니다. 고등학교까지는 교육 중심이지만 대학은 교육과 함께 연구라는 중요한 역할을 수행합니다. 하지만 그동안 대학이 연구 기관의 역할을 제대로 해왔는지는 의문입니다. 연구를 하기보다는 연구비 따오기에 급급하지 않았는지 자성해야 합니다. 논문의 질보다는 양에 집중하진 않았나요. 적지 않은 교수들이 연구를 하는 것이 아니라 연구 업적을 관리한다는 비판에서 자유롭지 못합니다. 연구 프로젝트가 대학 재정을 보충

하기 위해 공적 지원금을 받아오기 위한 수단으로 활용되지는 않았나요. 그 지원금이 국민의 혈세로 조성된다는 것을 잊지 말아야 합니다.

저는 그간 몸담았던 대학에서 정년 퇴임을 하는 날 새벽 이 글을 쓰고 있습니다. 지난여름 내내 연구실을 정리했습니다. 그간 학생들이 제출한 과제물과 시험지뿐만 아니라, 일찍부터 학부 과정에서도 세미나식 수업을 해왔던 터라 세미나 발표문, 토론 서기 보고문, 사회자 후기, 튜토리얼tutorial 자료 등이 상당합니다. 이들을 지금까지 단 한 장도 버리지 않았기 때문에 다시 읽어보며 정리하는 일도 만만치 않았지요.

하지만 이들은 제게 지혜의 보고寶庫이며 지적 영양가 풍부한 곡물로 가득한 '연구 자료의 곳간'입니다. 지금까지도 그랬고 앞으로도 연구와 창작의 아이디어 및 명상의 화두를 제공할 것이기 때문입니다. 학생들이 연구 활동의 자극제이자 동료였으며, 학생들이 연구실을 도서관으로 만들어주었습니다. '대학의 곳간'을 채우는 것은 연구 지원금이 아니라 성실한 교육과정에서 얻어지는 소중한 부산물들입니다.

대학 교육은 연구의 동기이자 연구 결과의 적용입니다. 현실적으로 연구와 교육은 쉽게 분리되지 않습니다. 교육을 통한 지적 토대 없이는 고도의 전문적 연구도 없습니다. 성숙한 학자가 신선한 젊은이들과 교류하며 연구할 때 지속적으로 좋은 효과를 냅니다. 바로 이것이 대학이 전문 연구 기관과 다른 점이며, 대학에서의 연구가 특별하고 가치 있는 이유입니다.

우리 대학들은 교육기관의 역할을 회복해야 합니다. 대학 교육이 많은 사람의 일상적 관심 대상이 되어야 합니다. 이는 시급하고 엄중한 과제입니다. 이는 대학이 창의적 연구 기관으로 다시 태어날 수 있는 길이기도 합니다.

배운다는 것, 생각한다는 것

"배우기만 하고 생각하지 않으면 얻는 것이 없고, 생각만 하고 배우지 않으면 위태로우니라." 『논어』「위정爲政」 편에 나오는 말입니다. 가르치고 배우는 사람들의 좌우명으로 애용되는 명언이기도 합니다.

『논어』의 문장들이 그렇듯이 이도 풍부한 의미를 담고 있어서 다양하게 해석될 수 있습니다. 한 가지 분명한 건 공자에게 배움은 항상 삶의 중심에 있다는 겁니다. 이는 『논어』의 도입부에서부터 확인할 수 있습니다. "배우고 때때로 익히면 또한 기쁘지 아니하랴." 공자는 삶의 의미를 호학好學, 곧 배우기를 좋아하는 것에 두고 있습니다.

그런데 가르치고 배우는 일, 곧 교육의 관점에서 보면 배움이 생각과 분리될 수 있는지 의심이 듭니다. 공자가 생각 없는 배움을 경고한다는 것은 역설적으로 배움과 생각이 분리되는 배움터의 현실을 반영하는 것일지 모릅니다. 오랫동안 배운다는 것을 일방적으로 지식을 받아들이는 것으로 인식해왔던 현실의 방증일지 모릅니다.

하지만 배움은 생각을 동반합니다. 아니, 제대로 된 배움은 생각과 함께할 수밖에 없습니다. 특히 교육 현장에서 가르치고 배운다는 것은 일방적으로 지식을 전달하거나 전수한다는 뜻이 아닙니다. 생각을 서로 나눈다는 뜻입니다. 생각으로 놀이한다는 뜻입니다. 때론 생각으로 '싸움 놀이'를 하기도 합니다. 진지한 논쟁을 연습하기도 하지요.

잘 가르치는 사람은 자신이 가르친 것에 대해 제자들이 의심할 수 있도록 가르칩니다. 이는 배우면서 생각할 수 있는 조건을 만들어주지 않으면 불가능한 일입니다. 배우기가 곧 생각하기가 되어야 하는 것이죠.

이 진지하고도 치열한 생각의 게임에서 제자가 스승을 견디

듯 스승도 제자를 견뎌야 합니다. 그러다 보면 스승으로서 곤혹스러운 때도 종종 있습니다. 그러나 여기서 얻는 것이 더 큽니다. 그러한 상황에 의연하게 대처할 수 있게끔 지속적으로 자신을 연마하게 되기 때문입니다. 그러면 스승과 제자의 상호 인성 교육은 저절로 됩니다. 가르치면서 배운다는 것의 의미도 여기서 찾을 수 있습니다.

역으로 생각하기는 배움의 욕구를 불러일으킵니다. 진지하게 생각하기 시작하면 묻게 됩니다. 질문이 많아집니다. 그러면 그에 대한 답을 찾게 되고 이어서 구체적인 정보와 지식을 구하게 됩니다. 타인의 앎을 참고하게 되고 기존의 지식을 비판, 수용하게 됩니다. 곧 배우게 됩니다.

나아가 탐구의 정신과 실천으로 이어집니다. 알려진 것을 바탕으로 미지의 것을 연구하게 되는 진지한 배움의 길에 들어서게 됩니다. 그렇지 않으면 배움은 넓고 깊어지지 않습니다. 본디 진정한 교육이란 배움이 곧 생각이며 생각하기가 곧 배우기인 것입니다.

그런데 우리 교육 현장은 오랫동안 그러지 못했습니다. 흔히 말하는 주입식 교육이 인습처럼 배어 있는 것이죠. 대학에서는 강단에서 일방적으로 지식을 전달하는 듯한 강의가 여전히 개선되지 않고 있습니다. 교육 수용자, 곧 배우는 자의 입장이 충분히 고려되지 않고 있습니다. 최근 몇 년 동안 중·고등학교에서 자기 주도 학습 능의 시도를 해오고 있습니다다만 충분하지 않습니다. 대학에서는 다양한 형식의 세미나 수업을 활성화해야 하는데 아직 매우 미진합니다. 가르치는 사람이 더 노력해야 합니다.

언제나처럼 또 새 학기가 시작됩니다. 배움과 생각은 분리될 수 없음을 실천하는 교육이 되었으면 합니다. 고전의 명언을 무색하게 만드는 것, 그것이 우리가 교육 현장에서 감히 도전해야 할 일입니다.

3부

하지만 이상을

향해

걷지 않으면

"사람을 찾습니다"

철학자 디오게네스는 황당하면서도 섬뜩한 일화들을 남겼습니다. 알렉산더대왕에게 햇빛 가리지 말고 비키라고 했다는 얘기는 유명합니다. 더러운 장소를 마다하지 않고 찾아가는 그를 보고 사람들이 빈정대면, "햇빛이 뒷간에 들어온다고 햇빛이 더러워지나?"라고 반문했고, 하인에게 신발을 신기게 하는 사람에게는 "그대는 코도 풀어달라고 하지 않으면 행복하지 않을 것 같군" 하고 일침을 가했습니다. 디오게네스는 밝은 대낮에 등불을 들고 돌아다녔습니다. 사람들이 그를 놀리며 무엇을 찾고 있냐고 묻자 태연히 "사람을 찾고 있다"라고 답했습니다. 그에게 거리에서 만나는 수많은 사람들은 사람이 아닌 것이지요. '사람다운 사람'이 없으니까요.

사람을 찾는 일, 그것은 오늘 우리의 문제이기도 합니다. 나라의 공직을 맡길 사람을 찾는 일에 애를 먹고 있기 때문입니다. 새 정부의 공직자들이 말썽 많던 인사 검증을 거쳐 일을 시작했지만 후유증은 여전한 것 같습니다. 공약 파기, 코드 인사, 독선적 임명 강행, 협치 부재 등의 비판이 있습니다.

하지만 제가 주목하는 것은 좀 다른 것입니다. 드러나지 않지만 미묘하게 문제가 될 수 있는 것이기 때문입니다. 인사 검증의 두 가지 차원인 공직 후보자의 도덕성과 업무 수행 능력을 분리해서 보고자 하는 태도가 바로 그것입니다. 도덕적 흠결이 있지만 업무 처리 능력은 충분하다는 '변명'의 이면을 보아야 합니다.

도덕성과 능력은 분리될 수 있는 걸까요? 얼른 보면 그럴 것도 같습니다. 전문 분야의 능력만 있으면 업무 수행에 문제가 없어 보입니다. 하지만 이것은 인간 의식의 착시 효과입니다. 문제가 된 인사 원칙을 한번 봅시다. 세금 탈루, 위장 전입, 부동산 투기, 병역 면탈, 논문 표절, 이 모든 것은 사적 이득을 취하기 위해 하는 행위입니다. 사회의 공공성을 해치는 행위입니다. 공공 의식이 결여될 때 이런 비리를 저지릅니다. 국가의 공직은 당연히 공공성을 기본으로 합니다. 아니 공공성 그 자체입니다. 도덕성과 공무 수행 능력은 바로 '공적인 것'을 공통분모로 하고 있습니다.

도덕성에 흠결이 있는 사람이 공무를 수행하기에 부적합한 이유는 윤리적인 것 때문만은 아닙니다. 그 이유는 실용적인 데에 있습니다. 나아가 업무 수행의 효율성 차원에 있습니다. 공공 의식의 결여를 내포한 도덕적 흠결은 공적 업무 수행 능력의 부족과 짝을 맺고 있습니다. 이러한 '결여'는 어떤 방식으로든 공적 업무 수행에 반영될 수 있기 때문입니다. 임명된 공직자들은 안도할 게 아니라 이 본질적 문제에 대해 끊임없이 자기 성찰을 하며 업무에 임해야 할 것입니다.

도덕성과 능력이 쉽게 분리되지 않는다는 것은 '덕德'이라는 말과 이에 상응하는 '버추virtue'라는 말의 개념 발전사를 보아도 알 수 있습니다. 이 두 말은 '사람다운 사람'처럼 '~답다'라는 도덕적 의미와 '해내다'라는 능력의 뜻을 모두 포함하는 방향으로 발전해왔습니다. 존경받는 대통령이었던 체코의 바츨라프 하벨의 말을 상기해봅니다. "정치는 세상을 책임지고자 하는 개인의 도덕에 근거합니다. 정치가 공동체를 속이기 위한 표현이 아니라 공동체의 행복에 공헌하려는 열망의 표현이어야 한다고 가르쳐봅시다."

도덕성과 능력을 분리해서 인사 문제를 변명하려는 논리(?)는 비교육석입니다. 대통령을 비롯한 공직자의 태도와 발언 또는 암묵적 의도 등은 나라 사람들의 의식에 영향을 끼칩니다. 곧 '교육적인 것'과 은밀히 연계되어 있음을 잊지 말아야 합니다.

뇌물과 선물 사이

2016년, 출간 500주년을 맞은 『유토피아』의 저자 토머스 모어는 영국의 고위 공직을 두루 지냈습니다. 또한 청렴한 공직자로서의 일화들을 그의 저서 못지않게 소중한 문화적 유산으로 남겼습니다. 모어는 '뇌물'을 결코 받지 않았지만 '선물'에 대해서는 당시 사회 관습에 반하지 않도록 처세의 지혜를 발휘하기도 했습니다.

그는 법관으로서 백성들의 송사를 '공정'하고 '신속'하게 처리하기 위해 노력했습니다. 그래서 때론 가난한 농민들이 판결에 감사하는 뜻으로 구운 감자나 사과 파이 같은 선물을 가져왔는데, 그 사람들의 애틋한 마음을 생각해 물리치지 못했습니다. 한번은 어떤 부인이 병상에 있는 남편의 송사에서 올바른 판결을 해줘 고맙다는 뜻으로 모어에게 도금한 컵을 선물로 가져왔습니다. 부담스러운 선물에 모어는 기지를 발휘해서 그 컵에 포도주를 가득 부어 선물한 사람의 건강을 위해 건배를 한 후 컵을 돌려주었습니다.

한번은 남편을 여의고 홀로된 어떤 부인의 송사에서 많은 노력을 기울여 공정한 판결을 내렸습니다. 마침 신년을 맞이할 때였기 때문에, 그녀는 모어에게 장갑 한 켤레에 제법 큰 액수의 금화를 넣어 선물했습니다. 모어는 장갑은 받고 돈은 거절했습니다. "부인, 숙녀의 새해 선물을 거절하는 것은 예의에 어긋나므로 부인께서 주신 장갑은 고맙게 받겠습니다. 하지만 부인의 돈은 전적으로 사절합니다."

언젠가 모어는 또 한 번 도금한 컵을 새해 선물로 전달받았습니다. 모어는 그 컵의 디자인이 마음에 들었습니다. 그래서 모양은 별로지만 값어치로 보면 더 비싼 자신의 컵을 대신 그 주인에게 돌려주도록 심부름꾼에게 보냈습니다.

이 일화들은 우리에게 무엇을 말할까요? 모어의 일화들이 뇌물은 물론이고 어떤 선물도 절대 받지 않았던 사람의 이야기라면 덜 흥미롭겠지요. 이 일화들은 인간적 고민의 흔적을 담고 있습니다. 어떤 학자는 모어의 이런 태도를 "무례하지도 않고 부정을 저지르지도 않도록 그 둘 사이에 놓인 줄 위를 곡예하듯 걷는 것"에 비유하기도 했습니다.

모어는 공직, 특히 법관이라는 자리가 유혹이 많다는 것을 잘 알고 있었습니다. 권력을 행사할 수 있는 자리는, 그 권력이 크든 작든, 어떤 형태의 권력이든, 항상 부패의 가능성을 지니고 있음을 철저히 인식하고 있었습니다. '권력은 권력을 가진 자를 부패시킨다'는 격언이 있듯이, 부패의 가능성은 권력의 항구적 본질이기도 합니다.

모어는 또한 인간이 작은 욕망에도 흔들릴 수 있는 존재라는 것도 잘 알고 있었습니다. 그랬기 때문에 자기 수양을 게을리하지 않고, 구체적인 일 앞에서 지혜와 기지를 발휘하도록 노력했습니다. 선의를 가진 사람들의 마음이 다치지 않도록 배려하는 데도 각별히 신경을 썼습니다. 무엇보다도 권력과 욕망이 쉽게 결합하지 않도록 조심했습니다.

우리나라에도 '부정 청탁 및 금품 등 수수의 금지에 관한 법률'이 시행되었습니다. 법률 제안에서 시행까지 논란이 많았던 걸로 알고 있습니다. 그러나 이 법은 지금 우리의 현실에서 법적 차원 이상으로 도덕적 차원에서 의미 깊다고 생각합니다. 지금까지 공직자들이 아무 생각 없이 또는 깊이 생각하지 않고, 나아가 생각할 필요조차 느끼지 않고 청탁과 금품을 받아온 '관행'이 없었다고 볼 수 없기 때문입니다. 법률 자체의 세세한 내용보다 그것이 우리 의식의 변화를 위한 계기가 된다는 점이 더 중요할지 모릅니다. 법률 제정은 도덕적 변화의 계기가 될 때 더 큰 의미를 획득하며, 삶의 지혜를 키워가는 동기로 삼을 때 더욱 효과적입니다.

친구에게는 옳은 것만 행하십시오

최근 공직 사회에서 우정의 이름으로 자행되는 부정한 일들이 드러나고 있습니다. 부당한 일을 공모하면서 서로를 "친구야"라고 부르는 뻔뻔함을 부끄럽게 여기지도 않는 것 같습니다. 양심의 갈증을 느끼듯 우정이 진정 무엇인지 곰곰 다시 생각해보고 싶습니다. 고대 신화에서부터 사람들은 우정에 대해 논해왔습니다. 그 가운데서도 법률가와 정치가로서 고위 공직을 두루 거친 로마공화정 때의 철학자 키케로의 『우정론』은 2천여 년의 시간을 넘어 오늘날 사회의 공인들도 귀담아들을 만합니다.

키케로는 "우정은 선한 사람들 사이에서만 가능하다"라고 전제합니다. 여기서 '선한 사람'이라 함은 추상적인 것이 아니라 일상의 경험에서 알 수 있는 것입니다. 일상의 행동에서 "성실과 정직, 공정성과 아량을 보여주는 사람들, 탐욕과 방종, 그리고 파렴치한 행위와는 거리가 먼 사람들, 굳건하게 소신을 지킬 줄 아는 사람들"을 의미합니다. 이런 미덕을 가진 사람들 사이에서 우정이 싹트는 것이고 그 우정이 의미 있는 것입니다. "미덕이 우정을 낳고 지켜주니, 미덕 없이 우정은 어떤 경우에도 존속할 수 없다"라는 것입니다.

그러므로 이해관계로 맺어진 인간관계는 우정이라고 할 수 없습니다. 물론 우정은 친구들에게 서로 눈에 보이지 않는 이득을 가져다주지만, 그렇다고 우의가 구체적인 이익을 바라는 마음에서 시작되는 것은 아닙니다. 미덕을 갖춘 사람은 타인에게 의존하지 않고 자족감을 갖지만, 그만큼 다른 사람의 미덕을 볼 줄 알고 그것에 끌리는 법입니다.

키케로의 『우정론』에 등장하는 라일리우스와 그의 평생지기 스키피오의 우정도 서로 필요해서 시작된 게 아닙니다. 서로의 미덕과 인격을 찬탄한 까닭에 서로 좋아했고 서로를 더욱 잘 알게 될수록 우의도 깊어갔던 겁니다. 만약 이익이 우정의 접착제라면 이익이 사라지면 우정도 해체될 것 아니겠습니까. 키케로는 또한 친구를 선택하고 우정을 유지하는 데 있어서 지혜로운 판단을 중시합니다. 그래서 친구 사이에서는 "사랑하고 나서 판단하지 말고, 판단하고 나서 사랑하라"라고 가르칩니다. 이 말은 사랑과 우정을 구분하는 핵심입니다. 여기서 우리는 '우정은 사랑의 윤리적 형태'라는 정의를 끌어낼 수 있습니다.

그러면 미덕과 선행을 전제로 할 때 친구에게 어느 정도까지 청할 수 있고, 친구를 위해 어느 정도까지 베풀어야 하는지 묻지 않을 수 없습니다. 키케로는 우정의 제1법칙으로 "도의에 어긋나는 것은 요구해서도 안 되고, 요구받더라도 들어주어서는 안 된다"라고 말합니다. 친구에게 옳지 못한 것은 요구하지 말아야 합니다. 친구 사이에서 서로 이 점만 잘 지켜도 우정에 금이 갈 일은 없겠지요. 친구에게는 옳은 것만 행해야 하며 이때에는 굳이 친구의 부탁이 없어도 나서서 해야 합니다. 옳지 못한 일은 단호히 거절하고, 옳은 일을 위해서는 항상 돕겠다는 열성을 보이고 꾸물대지 말아야 합니다.

그러므로 옳은 일을 하는 친구를 위해서는 목숨을 바칠 수 있을지언정, 친구를 위해서 죄를 범했다는 것은 변명이 될 수 없고 정당화될 수도 없습니다. 키케로는 "불한당들 사이의 협력이 우정이란 미명으로 비호돼서는 안 된다"라고 강조합니다. 그리고 다음과 같이 결론을 내립니다.

"우정이 온갖 방종과 범죄를 향해 문을 열어두고 있다고 믿는 자들은 위험한 착각에 빠져 있는 것이다. 자연이 우리에게 친구를 맺을 능력을 준 것은 악덕의 동반자가 아니라 미덕의 조력자가 되라는 뜻이다. 미덕은 혼자서는 최고 목표에 이를 수 없고, 다른 동반자의 미덕과 결합할 때 이 목표에 도달할 수 있기 때문이다."

피노키오의 코를 감출 수 있을까요

"거짓말이야, 거짓말이야, 거짓말이야······ 사랑도 거짓말, 웃음도 거짓말······ 거짓말이야, 거짓말이야······." 1970년대를 풍미했던 김추자의 히트곡 「거짓말이야」의 노랫말입니다. 거짓말이란 단어가 가사의 대부분을 차지하고 있습니다. 우리 삶에 거짓말이 많다는 것을 상징적으로 보여주는 것 같습니다.

우리는 일상에서 거짓말을 종종 경험하고, 때론 그것을 용인하기도 합니다. 애교 섞인 거짓말, 선의의 거짓말, 상대를 생각하는 '배려형 거짓말' 등이 그렇습니다. 가끔은 흑심이 약간 섞인 거짓말을 하기도 합니다. 약속에 지각하곤 교통 체증을 '핑계 삼는 거짓말', 곤란한 처지에서 '둘러대는 거짓말' 등이 그렇습니다. 이런 경우에도 유연한 인간관계를 고려해서 모른 척하고 넘어갈 수 있습니다. 이런 것은 '작은 거짓말'이라고 할 수 있습니다.

하지만 거짓말이 용인될 가능성은 공동체의 크기에 반비례합니다. 학교, 직장, 지역공동체, 국가의 차원으로 갈수록 거짓말에 대한 '관용'은 영점에 가까워집니다. 한 사람의 거짓말이 공동체에 미치는 파장이 너무 크기 때문입니다. 곧 '큰 거짓말'이 되기 때문입니다.

공인에 대해 거짓말의 잣대를 엄하게 적용하는 것은 당연합니다. 공인일수록 거짓말의 상징인 '피노키오의 코'를 두려워해야합니다. 사적인 자리에서 거짓말할 때와 달리, 공적인 광장에서 거짓말을 하면 수많은 눈이 있어서 늘어난 코를 곧 들키게 되기 때문입니다.

카를로 콜로디의 『피노키오의 모험』은 단순히 거짓말을 하지 말라는 교훈을 담고 있지 않습니다. 피노키오 이야기는 거짓말의 핵심을 꿰뚫는 두 가지 메시지를 전하고 있습니다. 거짓말은 '계속 자랄 수 있다'는 것과 그렇게 자라는 거짓말은 '도저히 감출 수 없다'는 것입니다.

푸른 머리의 요정은 피노키오에게 이렇게 말합니다. "거짓말에는 두 가지가 있단다. 하나는 다리가 짧아지는 거짓말이고, 다른 하나는 코가 길어지는 거짓말이란다." 바로 탄로가 나서 멀리 가지 못하는 거짓말이 있고, 거짓말이 거짓말을 낳으면서 계속 자라는 거짓말이 있다는 것이지요. 큰 거짓말이라고 할지라도 곧 종결에 이르는 첫 번째보다 두 번째 거짓말이 심각한 것입니다. 계속 길어지는 코처럼 도저히 주체할 수 없는 상태에 이르기 때문입니다.

이 경우는 거짓말을 하는 사람에게나 듣는 사람에게나 모두 고통입니다. 새뮤얼 버틀러는 "나는 거짓말에 신경 쓰지 않는다. 하지만 그 치밀하지 못함은 참을 수 없다"라고 했습니다. 역설적인 표현입니다만, 계속 늘어지는 거짓말의 정곡을 찌르고 있습니다. 거짓말의 사슬에는 약한 고리가 있기 마련임을 간파하고 있는 것이지요. 엄청나게 늘어난 피노키오의 코는 당연히 감출 수도 없습니다. 코를 땅에 묻고 있겠습니까. 그러면 엉덩이가 드러나겠지요. 하나의 비밀을 지키기 위해 거짓말을 계속하면 다른 비밀이 드러나기 마련입니다.

비극 작가 소포클레스는 "거짓은 시간이 지나도 결코 늙는 법이 없다"라고 했습니다. 거짓은 사람들의 관심을 지속적으로 받아 진실보다 오히려 더 젊음을 유지할 수 있기 때문입니다. 이것이 진실과 거짓의 비극이기도 합니다.

　진실은 쉽게 망각되지만 거짓은 계속 상기됩니다. 이는 40여 개의 다양한 일화로 구성된 콜로디의 동화에서 사람들이 무엇을 기억하는지 보아도 알 수 있습니다. 거짓말과 코의 일화는 딱 한 번 나오지만 사람들에겐 그것이 '피노키오의 이야기'입니다. 진실은 사건을 종결하지만, 거짓은 사건을 연명하게 합니다. 진실에 의해 해소되기 전까지 거짓말에 대한 원망은 노래의 후렴처럼 계속 되돌아옵니다. "거짓말이야, 거짓말이야, 거짓말이야!"

'우리'가 아니라 '나'의 책임입니다

공인과 책임은 거의 동의어입니다. 공직을 맡는 순간 '도맡아 해야 할 임무' 곧 책임이 생기고, 자신이 '책임의 소재所在'가 되기 때문입니다. 책임은 공인의 정체성을 구성하는 것입니다. 그래서 『책임의 원리』를 쓴 한스 요나스는 "책임이 있는 자만이 무책임하게 행동할 수 있다"라는 당연한 말을 강조했습니다. 책임의 문제에는 책임의 소재가 본질이라는 것이지요.

책임의 소재를 분명히 하는 것은 책임을 묻고 무책임한 결과에 대해 합당한 제재를 하기 위함입니다. 그런데 정치사를 살펴보면 공직자와 위정자들이 책임을 회피하려고 책임의 소재를 은폐하는 다양한 '전략'을 써온 것을 알 수 있습니다.

그 가운데 하나가 책임의 소재를 '모두'에게 둠으로써 '아무도' 책임지지 않으려고 하는 것입니다. 국가적 차원에서 큰 사건이 터졌을 때 공직자들이 "우리 모두의 책임입니다"라고 공식 사과하는 경우인데, 이는 '책임 알리바이의 역설'이라고 할 수 있습니다. 마치 범죄 혐의자들이 각자 알리바이를 제시하는 게 아니라 역설적으로 모두 범죄 현장에 있었다고 '알리바이 없음'을 주장한다면 범인을 가려낼 수 없게 되는 것과 같기 때문입니다. 범인을 가려내야 하는 상황에서 모두 범인임을 자처하면 범인은 철저히 은폐되지요.

스스로 나서서 모두의 책임이라고 하는 것은 아무도 구체적으로 책임지지 않겠다는 것을 의도합니다. 공적인 책임의 소재는 단수로 표시되어야 합니다. 우리의 책임이 아니라, 나의 책임, 그 어느 누구의 책임이 되어야 합니다. 그러한 단수의 책임들이 모여서 복수의 책임이 될 수 있지만, 애초부터 우리의 책임이라는 말은 그럴듯할 뿐 결국 책임지는 사람은 아무도 없게 됩니다.

책임의 소재는 구체적이어야 합니다. 필요한 한계를 분명히 해야 합니다. 쉽게 말해, 어떤 일을 누가 어디까지 책임져야 한다고 언명해야 합니다. 이때 언어의 선택 또한 매우 중요합니다. 그런데 위정자가 어떤 사건의 발생과 만족스럽지 못한 대처는 결국 '국가의 책임'이라고 한다면 책임의 소재는 불분명해지고 자칫 모두의 책임이 됩니다. '결국' 국가가 책임진다는 것도 역설적으로 책임의 소재를 불분명하게 합니다.

통치자가 '국가의 무한책임'이라는 말을 한 것은 상징적인 의미도 있고, 뭔가 잘해보려는 의지와 다짐의 표현일 수 있습니다. 의도적이든 아니든 국가와 정부를 혼용했을 수도 있습니다. 하지만 말은 묘한 것입니다. 더구나 국가 같은 거대 담론의 개념어들은 큰 영향력을 갖습니다. 책임의 소재를 논할 때는 더욱이 책임질 수 있는 말로 해야 합니다.

국가라는 말은 총체적이고 매우 추상적인 개념어입니다. 국가는 종종 신기루 같기도 합니다. 국가는 집단적 상상과 믿음의 질서이기도 합니다. 그래서 고대로부터 통치자들은 나라 사람들의 구체적 요구들을 국가의 추상적 개념으로 환원하면서 국민 위안의 '신기루효과'로 권력을 유지하려고도 했습니다. 현대 정치사상은 '국가의 추상성'을 경계합니다.

구체적으로 표현하고 표시해야 할 것을 국가의 개념으로 환원할 때, 공적 책임의 소재는 신기루처럼 부유하게 됩니다. 현대 민주주의에서는 국가의 추상성을 구체적 정책 실천의 언어로 번역하는 작업이 정치이고 위정자가 할 일입니다. 이 성실한 작업의 과정에서 다양한 책임responsibility의 소재들도 분명해질 수 있으며, 나라 사람들의 요구에 위정자가 답하는respond 공적 소통도 원활해질 수 있습니다.

임기는 짧아도 정치는 깁니다

녹음의 계절 5월은 생장하는 자연의 기운을 느끼게 하는 달이기
도 하지만 인간적 삶의 이치를 성찰하게 하는 달이기도 합니다.
사회적 동물인 인간이 '공동체의 의미'를 각별히 되새기는 달이기
때문입니다. 공동체는 세대로 구성되며, 세대와 세대를 이어서 지
속됩니다. 우리는 5월에 세대를 이어주는 날들을 기념합니다. 어
린이날, 성년의 날, 부부의 날, 어버이날. 사람은 아이에서 어른이
되고 부부의 연을 맺어 자식을 낳고 어버이가 됩니다. 이렇게 세
대는 또 이어져갑니다.

사람들은 공동체를 이루면서 '사회계약'을 맺습니다. 근대 민

주주의가 발달하면서 사회계약에 관한 이론은 중요해졌습니다. 그 대표적인 것이 장 자크 루소의 『사회계약론』입니다. 여기서 사회계약이라 함은 사실 '정치적 계약'을 뜻합니다. 이는 루소의 저서 부제가 '정치적 권리의 원칙'이라는 것을 봐도 알 수 있습니다. 루소는 '모든 것은 정치와 관련 있다'는 의식을 갖고 사회계약론을 전개했습니다.

이것은 아직 좁은 의미의 사회계약입니다. 기본적으로 공동체를 구성하는 사람들이 정치적 권력에 합법적 근거를 마련하고, 그에 따른 제도를 정립하는 일에 관한 것이기 때문입니다. 하지만 사회계약의 개념을 넓게 잡으면 국가기관에서 입안하고 실천하는 모든 정책 또한 사회계약의 한 형태입니다. 공동체 구성원의 동의를 거친다는 것을 전제하기 때문입니다. 이런 의미에서 국민 각자는 국가정책의 계약 당사자이기도 합니다.

여기서 더 나아가 20세기 후반부터 지금까지 시대의 과제가 된 '지속 가능한 삶'이라는 것을 생각해보면 사회계약은 통시적通時的 성격 또한 지녀야 함을 알 수 있습니다. 국가는 미래 세대에까지 영향을 주는 정책들을 개발하기 때문입니다. '통시적 사회계약'이 중요한 이유는 그 영향을 받는 일부 계약 당사자가 지금 존재하지 않거나 아직 어리기 때문입니다. 미래 세대는 아직 태어나지 않았고, 오늘의 어린이는 아직 사회계약의 동의권을 갖고 정치에 참여하지 못하고 있기 때문입니다. 우리가 어린이를 각별히 배려하는 것은 이런 정치적 이유 때문이기도 합니다.

이렇게 볼 때 모든 정책은 신중하게 입안돼야 하며 구체적으로 실천 가능해야 합니다. 그래야 진정성을 확보할 수 있습니다. 하지만 위정자의 열정은 자칫 사회계약의 통시적 성격을 간과하기 쉽습니다. 여기에는 좀 더 근본적인 이유가 있습니다. 아무리 긴 임기라도 위정자에게는 짧게 느껴지기 때문입니다.

이것은 모든 선출직 공직자가 느끼는 것입니다. 지방자치단체 의회의 의원과 지자체장, 국회의원과 대통령 모두 마찬가지입니다. 다만 위정자의 '심리적 임기'는 권력의 크기에 반비례한다는 사실이 중요합니다. 권력을 더 많이 가진 위정자일수록 임기가 더욱 짧게 느껴집니다. 물론 일상의 시간은 항상 '빠듯하다'는 특성을 지니고 있습니다. 권력은 권력을 가진 자의 시간을 더욱 빠듯하게 조입니다. 수적으로 아무리 긴 임기라도 위정자에게는 항상 짧습니다.

하지만 임기는 짧아도 정치는 깁니다. 세대를 이어가는 공동체를 위한 정치 행위의 성과는 지속적일 때 유의미하며 '국민적 보람'이 됩니다. 어떤 위정자든 '나의 보람'이 아니라 국민적 보람을 생각해야 한다는 것은 당연한 말이겠지요. 때론 임기 내에 이룬 업적으로 평가받기보다 앞으로의 완성을 위해 다음 정부로 이어지는 과업으로 평가받겠다는 용기 있는 의식의 전환 또한 필요하겠지요. 임기는 짧고 정치는 길다는 것을 상기하면 이 또한 보람찬 시도일 수 있습니다.

막말, 실언 그리고 유머

"말은 오해의 근원이야." 생텍쥐페리의 동화에서 여우가 어린 왕자와 친구 관계를 맺으면서 한 말입니다. 어른들도 귀담아들어야 할 말이지요. 지난해에도 정치 무대에서 막말과 실언失言들이 난무했으니까 말입니다. 잘한 말도 오해의 근원이 될 수 있는데 막말이야 오죽하겠습니까. 새해에는 여우의 말을 새겨들어야 할 것 같습니다.

그런데 정치인들은 왜 막말을 하는 걸까요? 국민의 의식 수준을 얕잡아 봐서 그런 걸까요? 어떤 정치인은 '전략적'이라며 자기변명을 하는 것 같기도 합니다. 그런데 전략도 잘 써야죠. 품위까지는 갖추지 못하더라도 상식 파괴 수준까지 가면 곤란하지요. 수단이 목적을 변질시킬 수 있거든요. 수단·방법 가리지 않고 목표를 추구하면 변질되거나 부식된 목표에 도달할 수 있다는 것을 시대착오적 마키아벨리스트들은 간과하지요. 목표가 수단을 정당화할 때도 있지만, 수단이 목표를 부당하게 만들기도 합니다.

공적인 자리에 있으면서 막말을 하는 사람들을 보면 그들의 사고 능력이 걱정됩니다. 생각을 하려면 언어가 필요합니다. 언어가 생각을 구성하지요. 굳이 말을 만들어 표현하면 막말은 '막생각'을 만들어냅니다. 막말에 습관 들면 사고 능력에 이상이 생기기 시작합니다. 항상 명석함을 유지하려고 노력해야 할 공인들이 그걸 잊고 있는 것 같습니다.

또한 막말을 자주 한다는 건 지독하게 자기중심적이라는 뜻입니다. 그러니까 남에 대한 배려가 없는 거지요. 남을 무시하고 면박하고 모욕하는 언어들을 쓰면서 말입니다. 공인들은 공동체를 위한 일을 전문적으로 하는 사람입니다. 그런데 공동체 구성원들을 배려하지 않는다는 것은 이른바 '프로 정신'이 없다는 방증이기도 하지요.

공인들의 실언도 많습니다. 말실수는 생각과 언어가 분리될 때 나타나는 현상이라고 할 수 있습니다. 쉽게 말해 '별생각 없이 말할 때' 언어가 일으키는 사건입니다. 이때 생각의 자리는 고정관념이 대체합니다. 실언이 선입견을 표현하는 경우가 많은 건 바로 이런 이유 때문이지요. 실수이니까 악의는 없을 수 있지만 이도 습관이 들면 다른 사람들에게 큰 해악이 될 수 있습니다.

전문 정치인을 비롯한 공인들은 힘들게 일합니다. 그들을 이해해준다는 차원에서 생각해보았습니다. 혹시 막말을 하면서 그것이 유머라고 착각하는 건 아닌지요. 막말은 그것이 아무리 웃음을 유발하더라도 유머가 될 수 없습니다. 어떤 정치인은 소위 '아재 개그'를 자신의 장기처럼 자랑하기도 하는데요. 이도 유머와 동일시되기 힘듭니다.

생각하고 공부해야 좋은 유머를 할 수 있습니다. 유머에 관한 글을 여러 편 썼던 중국 작가 린위탕은 "유머의 인생관은 진실하고 너그러우며 긍정적이다"라고 했습니다. 진실, 배려, 삶의 긍정성을 유지하려면 지속적으로 생각하고 공부하며 살아야 합니다. 공인들은 더욱 그래야 합니다.

막말이 '잘못 생각'하기 때문이고, 실언이 '생각 없이' 말하기 때문이라면, 유머는 '깊고 넓은 생각'을 바탕으로 하는 것입니다.

뛰어난 유머는 바로 폭소를 유발하기보다, 듣고 뒤돌아서면서 미소 짓게 합니다. 그리고 자기 생각과 지식으로 만들어낸 것이기 때문에 정보를 수집하는 '아재 개그'와 다릅니다. 유머는 상상력과 창의력의 표현입니다.

이제 우리도 창의적 정치인들을 가져야 할 때가 되지 않았나요. 이는 나라 살림에서 중요합니다. 창의적 정치인이 되기 위해 노력하면, 막말은 안 하고 실언은 대폭 줄이고 유머로 사람들을 감동시키게 되겠지요. 새해에는 그런 정치를 기대합니다.

평천하 · 치국 · 제가 · 수신

공인의 길은 어렵습니다. 그렇기 때문에 훌륭한 인격과 자질을 갖춘 사람이 가는 길이기도 합니다. 그래서 그 길을 올바르게 가면 가치 있고 의미 있는 것입니다. 그런데 고위 공직자의 언행이 문제가 되고, 나라의 중책을 맡은 분들이 가족·친척 관계에서 공사 구분 없이 처신하는 것은 가슴 아픈 일입니다. 한자 성어를 빌리면 이는 '수신제가치국평천하修身齊家治國平天下'의 문제이기도 한 것 같습니다.

이것은 사서삼경의 하나인 『대학大學』에서 따온 한자 성어 가운데 사람들에게 널리 알려진 말인 것 같습니다. 원래 뜻은 깊고 다양한 해석이 가능하지만, 많이 알려진 만큼 편협하게 해석되거나 오해되는 경우도 적지 않은 것 같습니다. 통상 글자의 순서를 따라 '먼저 자기 자신을 닦고 집안을 가지런하게 한 다음 나라를 다스리고 천하를 평정한다'라고 해석합니다. 이는 자신을 수양하고 세상을 다스린다는 수기치인修己治人의 순서를 보여주는 것이기도 합니다.

그러나 이것을 단순히 '단계성의 개념'으로만 받아들이면 많은 것을 놓치게 됩니다. 더구나 철저하게 단계적으로 생각하면 이 말의 뜻 자체가 소멸하겠지요. 먼저 수신을 이룬 다음에 제가를 한다고 하면 말입니다. 평생토록 노력해도 수신의 완성이란 가능하지 않기 때문이지요. 초인이나 신선이 아니라면 말입니다. 제가의 완성도 마찬가지입니다. 수신이 부족한 상태에서 가정을 이루고 돌보며, 제가가 부족한 상태에서 사회에 진출하고 치국의 일에도 참여하는 것이 삶입니다.

여기서 '수신제가치국평천하'의 다른 차원이 떠오릅니다. 우리는 이것을 '동시성의 개념'으로 보아야 합니다. 치국과 평천하의 대업을 맡은 사람도 제가와 수신의 일상적 과업을 소홀히 하면 안 됩니다. 아니 더욱 지속적으로 자신을 닦고 가정을 돌보기 위해 노력해야 합니다. 『대학』에서도 "천자로부터 서민에 이르기까지 한결같이 모두 수신, 즉 자신을 닦는 일을 근본으로 삼는다"라고 했습니다.

천하를 평정하면서도 항상 수신을 게을리하지 않는 천자의 수신은 동시성 개념이 작동하는 한 방향입니다. 동시성 개념은 다른 방향으로도 작동합니다. 공동체의 구성원 각자가 자기 수양을 게을리하지 않아 지혜롭게 행동하면, 가정의 화목이 따라오겠지요. 그러한 가정이 모인 나라를 다스리는 일은 수월해지겠지요. 그러면 세상 또한 좀 더 평화롭게 되겠지요. 동시성의 개념으로 이해하면 수신과 평천하가 양방향으로 작동함을 알 수 있습니다.

'수신제가치국평천하'를 자꾸 단계적으로만 인식하는 데에는 또 다른 세속적 이유도 있는 것 같습니다. 어설픈 '제왕학'이나 '출세'의 관점에서 치국평천하를 인생의 목표로 삼기 때문이 아닐까 의심해봅니다. 여기에는 크고 작은 권력에의 의지 같은 것도 개입해 있을 법합니다. 그러나 '사람이 되는' 것이 중요하지, 권력자가 되는 일이 더 중요하지 않습니다. 또한 권력은 '뭔가 해낼 수 있는 힘'이지 '뭐든 할 수 있는 힘'이 아닙니다. 수신은 권력 행사에 분별력을 제공합니다.

평천하를 이룬 사람의 최종 목표는 오히려 '사람 되기', 즉 수신일지 모릅니다. 치국평천하의 경험을 지혜롭게 자기 수양에 피드백하면 수신은 완성의 차원에 가까이 갈 수도 있겠지요. 그래서 권력의 자리에서 현명하게 행동하다 지혜롭게 물러나는 경우가 있고 그렇지 못하는 경우가 있는 것 같습니다.

시각은 종종 의식을 기만합니다. 그래서 '평천하·치국·제가·수신'이라고 써보았습니다. 수기치인을 위해 해야 할 일들은 나름대로의 가치와 의미를 지닙니다. 그렇기 때문에 서로 연계되어 있을 뿐 어떤 '큰' 목표에 종속적으로 통합되어 있지 않습니다.

무능력도 죄가 됩니다

'깜냥'이라는 우리말은 혀끝에 감기는 세속적 친근함이 있습니다. 그러면서도 오늘 우리 현실을 비추어주는 의미 깊은 개념어로 손색이 없습니다. 깜냥은 우선 '지니고 있는 힘'을 뜻합니다. 능력 또는 역량의 의미를 품고 있습니다. 구체적으로 '어떤 일을 해낼 만한 능력'을 뜻합니다. 그러니까 어떤 과업과 능력이 서로 웅하거나 어울리는지 평가하는 의미를 내포하고 있습니다.

바로 이 지점에서 이 말의 의미는 도덕적 문제에 연결됩니다. 과업과 능력의 상응 관계를 따져보는 것은 곧 '~답다'라는 문제에 직결되기 때문입니다. 사람이 사람답지 못하다면 도덕적 비판을 받겠지요. 선생은 선생답고, 학생은 학생다워야 합니다. 기업가는 기업가다워야 하고, 공무원은 공무원다워야 하며, 통치자는 통치자다워야 합니다. 어떤 과업에 합당한 능력을 갖추고 그 일을 할 때 도덕적일 수 있습니다.

사회·정치적으로 능력 또는 무능력의 문제는 항상 '깜냥의 문제'입니다. 우리 각자는 신이 아닌 이상 모든 능력을 갖추고 있을 수 없습니다. 일정 분야에서 그에 맞는 능력을 갖추고 있을 뿐이지요. 그러므로 자신의 깜냥을 헤아리지 못하고 나서는 것은 민폐를 끼칠 뿐만 아니라, 도덕적인 비난을 받아 마땅합니다. 이럴 때는 무능력도 죄가 됩니다.

물론 자신의 깜냥을 헤아리지 못해 잘못을 저지르는 일들은 일상에서 경험하고 있습니다. 이런 잘못이 사적 영역에서 일어날 경우에는 수습하고 반성해서 고쳐나갈 수 있습니다. 그러나 공적 권력이 작동하는 영역에서는 커다란 문제를 불러일으킵니다. 깜냥을 헤아리지 않고 맡은 과업을 잘 해내지 못할 경우, 권력을 남용하고 과업을 힘으로 밀어붙이려는 유혹에 빠져들기 쉽기 때문입니다. 능력이 상실된 권력은 부정을 저지르고 부패하게 됩니다. 바로 여기에 정치적 역량과 윤리적 덕성이 쉽게 분리될 수 없는 이유가 있습니다.

이런 입장은 흔히 수단·방법 가리지 않고 권력을 추구하는 권모술수의 정치를 주장했다는 마키아벨리도 견지했던 것입니다. 그의 말을 들어볼까요. "자신의 힘을 키워가고자 하는 욕구는 매우 자연스럽고 정상적인 것입니다. 유능한 자들이 이를 수행할 때 그들은 항상 칭송받거나, 적어도 비난받지는 않습니다. 그러나 성취할 능력이 없는 자들이 수단·방법 가리지 않고 이를 추구할 경우, 그것은 실책이며 비난받아 마땅합니다." 이 말은 무엇을 뜻할까요. 일에 합당한 능력이 있으면 수단과 방법을 가리고 말고 할 것도 없다는 뜻이지요. 다시 말해 수단 안 가리고 사악한 방법을 동원하는 것은 깜냥을 헤아리지 못한 무능한 자의 변명이라는 것입니다.

마키아벨리는 '비르투virtù' 라는 이탈리아어로 통치자의 능력과 덕성을 모두 표현하고자 했습니다. 이는 영어의 덕virtue과 같은 어원을 지닌 말입니다. 이 말의 고대 어원은 어떤 일을 '잘 해내다' 라는 뜻을 지니고 있습니다. 즉 과업을 수행하는 탁월성을 의미합니다.

마키아벨리의 통치론에서 이런 탁월성은 나라의 대소사를

해결하는 능력일 뿐만 아니라, 정당한 목적을 위해 주어진 조건과 상황을 통제하는 역량이자, 변화하는 세태를 꿰뚫어 보고 위험 사태를 예방하며 미래를 전망하는 통찰력이기도 합니다. 이 모든 것은 어려운 과업입니다. 권력 욕심에 자신의 능력을 가늠해보지도 않고 섣불리 나설 수 있는 과업이 아닙니다. 곧 통치는 깜냥의 문제인 것입니다. 이는 오늘 우리의 문제이기도 합니다.

수평적 리더십이라는 형용모순

요즘처럼 정치적 이슈들이 우리 일상을 파고든 때도 없었던 것 같습니다. 특히 이런저런 선거를 앞두고 정치인들의 말잔치가 양적으로는 참으로 풍성합니다. 그 가운데는 당연한 듯하지만, 사실 알쏭달쏭한 말들도 많습니다. '국론 분열'은 안 된다고 합니다. '국민 대통합'을 외칩니다. 그런데 그것이 구체적으로 무엇인지 분명하지 않습니다.

그런데도 선거에 나가는 정치인들이 이렇게 강한 구호를 외치는 데에는 이유가 있는 것 같습니다. 이것은 가설입니다만, 아마도 '리더십'이라고 하는 언어와, 그 언어가 오랫동안 축적해놓은 관념의 허상에 매몰되어 있기 때문인 것 같습니다.

리더라는 말에는 '이끌어가다'는 뜻이 담겨 있습니다. 한때 영도자라고 번역해서 쓰기도 했습니다. 매우 강한 의미의 말이지요. 이끌고 가려 하니까 강력한 힘이 필요하다는 고정관념을 갖게 됩니다. 리더십이라는 의식의 틀에 갇혀 있으면 다수의 단합된 집단을 미리 전제하게 됩니다. 영도자는 독선적일 가능성을 내포하고 있습니다. 또한 확고한 목표를 전제하기도 합니다. 현실 정치에서 정책적 목표는 비판의 담금질을 받고 재설정되기도 합니다. 하지만 확고부동한 목표를 전제하면, 합의를 위한 소통을 배제할 가능성이 높습니다.

우리가 흔히 잊고 있지만, 전체주의국가의 통치권자는 영도자의 명칭을 갖고 있었습니다. 무솔리니는 이탈리아어로 '두체Duce'였고, 히틀러는 독일어로 '퓌러Führer'였습니다. 둘 모두 리더로 직역될 수 있는 말입니다. 국민은 어떤 경우라도 항상 통합되어 있어야 한다는 국민 대통합의 원칙도 전체주의의 특징이었습니다.

리더십의 함정은 리더십 그 자체에 있습니다. 리더십은 정치인의 아편과 같은 것입니다. 중독되어 있으면 정치적 인식의 관점을 바꾸거나 다른 통치 방식을 생각할 수 없게 되니까요.

이러한 리더십의 폐해를 수정하려고 다양한 수정주의 리더십이 나오기도 했습니다. 공유 리더십, 분산적·협업적·수평적 리더십 등인데, 이 말들 자체는 모두 형용모순입니다. 이끈다는 말과 어울리지 않기 때문입니다. 그래도 수정의 요체는 분명해 보입니다. 이끌어가지 말고 함께 가라는 것입니다. 권한 집행을 균형 있게 분산해서 통치의 과업을 조정하라는 것입니다. 다양한 이해관계를 조정하고 이해 당사자들과 소통하라는 것입니다. 소통을 잘하려면 앞에서 끌고 가면 안 됩니다. 앞에 있는 만큼 뒤에 있는 사람들의 소리가 잘 안 들리기 때문입니다. 소통을 하려면 옆에서 함께 가야 합니다.

언어는 의식 형성에 영향을 미칩니다. 그래서 저는 20여 년 전에 리더십 대신에 '코디네이터십coordinatorship'이라는 말을 만들어 쓰기도 했습니다. 그런데 대중적 호응을 별로 받지 못했습니다. 리더십만큼 매력적이지 않고 힘도 없어 보였던 것 같습니다. 그래도 한 나라의 대통령은 국민을 통합해서 이끄는 지도자나 영도자가 아니라, 나라 사람들의 다양한 이해관계와 갈등의 조정자로서 전범을 보여주기를 항상 바랍니다.

정치는 타협이고, 통치는 정책입니다. 좋은 정책이 정치적 타협을 가능하게 하며, 정치적 타협은 통치의 지지 기반이 됩니다. 정치적으로 넓게 지지받는 통치자는 좋은 정책을 또 개발할 수 있겠지요.

정치에도 상상력이 필요합니다. 이를 '창의적 정치'라고 부를 수 있습니다. 창의적인 정치인은 설득력 있는 정책과 합의할 수 있는 통치 비전을 제시할 수 있습니다. 이렇게 하기 위해서도 폭넓은 시각과 다양한 의견을 평가·조정·수렴할 줄 아는 능력이 필요합니다. 즉 코디네이터십이 필요합니다.

선거는 빛나는 별을 그리는 것

선거일은 정치적 축제일입니다. 투표일이 공휴일이라서 하는 말은 아닙니다. 선거 역시 인류 문명사에서 다양한 축제가 지녔던 특징들을 지니고 있기 때문입니다. 문화인류학자들은 축제의 특성으로 비일상성, 공동체적 성격, 현실과 이상의 관계, 도덕적·교육적 차원 등을 중요하게 다룹니다. 선거도 이 모든 성격을 지니고 있습니다.

우선 선거도 축제처럼 매일 있는 행사가 아닙니다. 비일상적인 특별함을 갖고 있습니다. 그렇기 때문에 소중합니다. 그렇다고 비일상성이 일상생활과 무관하다는 뜻은 아닙니다. 비일상적 특별함은 피드백하여 일상의 삶에 촉매와 자극의 역할을 하기 때문입니다. 따라서 일상의 삶에 '변화의 계기'로 작동합니다. 이는 축제 기간 동안의 비일상적 경험이 다시 돌아가게 될 일상적 삶에 새로운 활력을 불어넣는 것과 마찬가지입니다.

축제는 본질적으로 공동체적 행사입니다. 선거도 마찬가지입니다. 축제는 공동체적 연대감을 상기시키는 역할을 해왔습니다. 축제는 공동체 의식의 표현이자 공동체 구성원 사이의 관계를 재조정하는 기능을 해왔습니다. 선거도 기존의 사회·정치적 요소들에 동의하거나 이의를 제기하면서 공동체 구성원 사이의 관계를 재구성하는 과정입니다. 선거는 잘못되고 부족한 정치 질서를 수정하면서 나라 사람들 사이의 진정한 관계를 만들어가는 '시대적 발효소'의 역할을 합니다.

이런 과정에서 현실과 이상의 관계는 더욱 분명해집니다. 삶의 변화와 갱생의 계기는 축제적 세계관에서 항상 주도적이었습니다. 축제는 자유롭고 평등하며 풍요로운 유토피아에 일시적으로 들어가는 '제2의 삶의 형식'이었습니다. 축제는 이상 사회를 향한 상상력을 일깨워주었는데, 이는 선거에서도 마찬가지입니다.

그러나 선거는 '더 나은 삶'에 대한 갈망과 함께 구체적 실천의 기회이기 때문에 훨씬 더 현실적인 전략을 구사해야 합니다. 선거를 치밀한 '정치적 창조의 순간'으로 삼을 때 그 가치는 극대화됩니다. 정치인들은 유세 기간 내내 각자 자신에게 유리하게 '선거 프레임'을 만들지만, 유권자는 선거를 통해 나라 전체를 위한 미래의 '정치 구도'를 만들어내야 하기 때문입니다. 선거는 공직자 선출 이상의 의미가 있습니다.

　전통적으로 축제가 더 나은 세상을 위한 유토피아적 지향성을 갖는다는 것은 그 자체로 공동체의 도덕과 그것을 가르치고 소통하고자 하는 교육성을 내포합니다. 선거도 마찬가지입니다. 정치인들은 유세 기간 내내 전략적으로 이성을 의지로, 지식을 행동으로, 비판을 비난으로 교체하면서 '먹고사는 문제'와 '죽고 사는 문제'로 유권자들의 표심을 사려 합니다.

　'이해하는 것'에 대해 '산다는 것'을 지나치게 도식화하고 우선시하면 합리성과 도덕성 그리고 젊은 세대를 위한 교육성을 상실하게 되는 결과에 이릅니다. 선거일은 '먹고 싸우며 사는 것'에 대한 집착에서 '생각하며 사는 것'으로의 정신적 이완을 실천하는 날입니다. 내 삶의 밑바닥을 보며 실리를 챙기는 것에만 집착하는 것이 아니라 하늘을 바라보며 모든 사람들의 삶을 위한 빛나는 별을 그리는 것입니다. 이런 의미에서 선거는 '성찰적 축제'입니다. 유세 기간은 '공연 정치'의 시간이지만, 투표하는 날만큼은 정략적 공연을 벗어나는 시간입니다.

사실 축제의 첫 번째 특성은 종교성입니다. 문화인류학자들이 동의하듯이 축제는 종교의식에 그 기원이 있습니다. 종교는 본질적으로 공동체의 염원을 담고 있습니다. 바로 지금 여기의 삶은 항상 불완전하고 위기에 처할 수 있습니다. 종교는 자연과 사회와 인간의 삶에 있어서 위기와 변혁 그리고 죽음과 부활이라는 때론 '무섭고 두려운' 순간들과 연관되어왔습니다. 이를 극복하기 위해 모두 잘 사는 신비로운 '먼 나라'를 갈망하기도 했습니다. 이는 축제의 다양한 의례儀禮 형태로 표현되었습니다.

사람들은 함께 모여 삶의 문제들에 대해 터놓고 떠들며 구원의 실마리를 찾고자 했습니다. '축제에 가면 사람들을 만나고 먹고 마시며 춤과 놀이로 그들과 접촉하며 뭔가 일을 낸다'는 것은 전통적 축제의 매력이었습니다. 이는 현대에도 축제에 대해 민초들이 느끼는 향수의 근원입니다. 미하일 바흐친이 유난히 카니발의 탐구에 집착한 것은 그것이 각질화된 공식성을 일시적으로 파기하면서 인간 사이의 진정한 관계와 연대감을 회복시키고 공동체의 희망을 기원하는 촉매가 된다고 보았기 때문입니다. 그리스 도교의 전통에서 사육제와 사순절이 이어서 있는 것도 사람들이 몸과 마음을 소통하고 나서 '함께 기도하기 위함'이라고 해석할 수 있습니다.

축제의 종교성을 마지막으로 논하는 것은 그것이 너무 중요하기 때문입니다. 투표를 하며 우리는 기원합니다. 더 나은 나라를 염원합니다. 투표의 시간은 '정치적 기도'의 순간입니다. 그렇기 때문에 각자의 한 표가 신성한 것입니다.

안전은 속도를 싫어합니다

이른바 '안전 불감증' 때문에 온 나라가 침울합니다. 어제오늘 일이 아닙니다. 이미 오래전에 저는 안전 불감증이라는 말을 쓰지 말자는 억지 제안까지 했습니다. 말꼬투리 잡는 것 같지만 이제 거듭 같은 입장을 반복하는 것은 안전의 문제가 엄중하기 때문입니다.

엄밀히 말하면 안전 불감증은 문제가 되지 않습니다. 안전은 못 느껴도 상관없습니다. 삶에 안전이 보장되어 있다면 못 느껴도 '문제가 되지 않고' 오히려 그런 삶의 조건은 희망 사항입니다. 문제는 불안전한 것이 곳곳에 상존하는데도 못 느낄 때 발생합니다.

곧 '불안전 불감증'이 문제인 것입니다. 이 말이 좀 어색하다면 바꿔 쓸 수도 있습니다. 안전의 반대말이 위험이니까, '위험 불감증'이 문제인 겁니다.

물론 안전 불감증이라는 말은 안전 문제가 심각한데 그걸 제대로 의식하지 못한다는 뜻으로 사용하기 시작했을 겁니다. 그럼에도 안전 문제, 안전사고 등의 표현과 달리 안전 불감증은 개념적 전도의 사례이며 일상적으로 반복 사용하면 의식 형성에 나쁜 영향을 미친다고 주장했습니다. 말꼬투리라도 잡아서 경종을 울리고 싶었기 때문입니다. 위험을 못 느낀다고 하면 좀 더 경각심을 가지리라는 바람도 있었습니다.

나아가 '잠재적 폭력성 지수'라는 아주 강한 표현의 개념까지 제시하기도 했습니다. 현대사회에서 안전의 문제가 더욱 중요해지는 데는 문명사적 이유가 있습니다. 산업혁명 이후 위험 요소를 지닌 문명의 산물은 대폭 증가해왔습니다. 이제는 많은 사람들이 단층 가옥이 아니라 다층 건물 또는 고층 빌딩에 살고 있습니다. 자동차, 지하철, 고속철, 비행기가 가진 잠재적 위험 요소는 말할 나위도 없지요. 오늘 우리 삶에 없어서는 안 되는 전기와 가스의 사용은 화재의 위험을 내재하고 있습니다. 그 예는 수없이 많습니다. 현대 문명의 이기利器는 인간에게 폭력으로 작용할 수 있는 잠재적 지수가 높기 때문에 안전의 차원에서는 항상 '해기害器'가 될 수 있습니다.

삶에서 안전은 정말 중요합니다. 안전은 생명과 생존의 문제입니다. 또한 일상생활의 문제입니다. 그러므로 일시적 경각심이 아니라 지속적 관심을 갖고 안전 의식을 체화해야 합니다. 구체적으로는 생활 습관화가 필요합니다. 그렇지 않으면 사고와 재난 앞에서 허둥대며 쉽게 위험에 빠집니다.

개인으로서는 습관이고 공동체 차원에서는 안전한 생활을 위한 좋은 관습이 중요합니다. 세심하게 안전을 챙기는 사람을 꼼꼼하다고 빈정대지 말아야 합니다. 나라의 차원에서는 철저한 안전 시스템을 만드는 책무를 소홀히 하지 말아야 합니다. 세심함과 철저함은 함께 가는 개념입니다. 안전은 디테일에 있습니다.

현대 문명에서 특히 잊지 말아야 할 것이 또 있습니다. 안전은 속도에 반비례합니다. 얼른 자동차를 떠올리겠지만 그것만이 아닙니다. 각종 공사와 제품 생산 등 일을 빨리 처리하려는 모든 과정에서 안전은 속도에 반비례합니다. 또한 사고가 날 확률이 아주 적은 것이라도 안심할 수 없습니다. 확률과 기회는 다르기 때문입니다. 백만분의 일의 확률이라도 그것이 내게 발생할 기회는 지금일 수도 있습니다.

　고대로부터 철학자들은 '외적으로는 우연이나 내적으로는 필연인 것'을 비극으로 인식해왔습니다. 우연으로 보이는 비극적 사고도 필연의 깊은 함정을 내재하고 있습니다. 필연의 심연을 보았을 때는 이미 늦은 겁니다. 이야기가 무거워졌습니다. 그럴 수밖에 없습니다. 안전의 주제는 엄嚴하고도 중重하기 때문입니다.

익지 않은 '사과'는 주지 마세요

함께 어울려 사는 데에는 불화가 있기 마련입니다. 문제는 불화를 대하는 우리의 태도입니다. 그 가운데서 아주 미묘한 것이 있는데, 바로 '사과를 요구'하는 것입니다.

잘못한 사람에게 사과를 요구하는 것은 당연한 것처럼 보입니다. 이는 사적으로나 공적으로나 흔히 있는 일입니다. 식구끼리 또는 이웃 사이에서도 곧잘 상대방에게 사과를 요구합니다. 요즘 정치인들은 걸핏하면 사과를 요구하는 것 같습니다. 야당은 여당에, 여당은 야당에 그렇게 하지요.

우선 사사로운 개인들 사이에서 사과를 요구하는 건 슬기롭지 못한 것 같습니다. 사과의 과정은 사과하는 사람에서 출발하기 때문입니다. 사과를 받기 위해서는 '주는' 사람이 있어야 합니다. 잘못을 저지른 사람이 사과하려면 무엇보다도 잘못을 인정하고 '잘못을 뉘우쳐야' 합니다. 그러려면 자기반성의 시간이 필요합니다.

물론 이런 과정을 신속히 거쳐 잘못한 사람이 먼저 사과한다면, 그것이야말로 불화를 해결하는 최고의 방법입니다. 그런 사과는 사과하는 사람에게는 도덕적 치유의 약이 되고, 사과받는 사람에게는 만족감을 줘서 삶의 보약이 됩니다.

그러나 상대방의 잘못에 대한 확신으로 우리는 성급히 사과를 요구합니다. 그 결과 오히려 불화를 키우는 경우가 많습니다. 사과를 요구하고 사과를 받아내면 문제가 해결될까요? 그렇지 않습니다. 요구해서 받아낸 사과는 다음과 같은 문제를 유발하기 때문입니다.

우선 상대가 충분한 자기반성의 시간을 갖지 못하기 때문에 '익지 않은 사과'가 됩니다. 그래서 독이 되는 사과가 될 수 있습니다. '요구한 사과'는 마치 과일이 익기 전에 따 먹는 것과 같습니다. 더 심각한 문제도 있습니다. 사과를 요구받고 마지못해 사과한 사람은 자기도 모르게 복수심을 키울 가능성이 높습니다. 복수심은 인간에게 기꺼이 주어지는 것이라서 미미한 자극에도 발동할 수 있지요. 사과를 요구하는 것은 처세 전략으로도 좋지 않습니다. 상대방이 응하지 않으면 아주 난감해지기 때문입니다.

상대방의 잘못에 대한 확신이 있으면 잘못을 구체적으로 지적하는 것이 중요합니다. 그리고 되도록 기다립니다. 더 좋은 건 잊고 지내는 겁니다. 그래서 상대방이 스스로 사과하면 아주 좋고요, 사과하지 않으면 불화가 해소되지는 않더라도 더 커지지 않아 인간관계는 유지됩니다. 사과를 요구하지 않은 것에 오히려 상대가 감동받을 수도 있어서 진정으로 사과하기도 합니다. 이는 약이 되는 사과지요.

공적인 영역에서는 어떨까요. 공인들의 잘못에 대해 사과의 요구가 필요한 때도 있습니다. 그러나 이에 앞서 공인의 부정한 행동에 관한 것이라면 도덕적 비판을 철저히 해야 합니다. 정책에 관한 것이라면 분명한 책임을 물어야 합니다. 이를 철저히 하면 사실 사과의 요구는 필요 없어지게 됩니다. 사과는 절로 따라오게 되니까요.

정치인들이 사과 요구를 남발하면 큰 문제를 야기할 수 있습니다. 사과의 말 한마디로 비판에 대한 공적 해명을 피해갈 수 있습니다. 더 큰 문제는 그럴듯한 사과로 책임질 일을 대체할 수도 있습니다. 이런 점에서 공적 영역에서도 사과의 요구는 독이 될 가능성이 높습니다.

어쩌면 정치인들은 정략적으로 사과를 요구하는 것 같기도 합니다. 서로 사과를 주고받음으로써 비판받고 책임질 일들을 은폐하거나 미결의 상태로 두고자 하는 것은 아닐까요. 성숙한 시민들이 바라는 건 요식행위 같은 사과가 아니라 부정부패 없고 책임지는 정치입니다.

스스로 변화할 줄 아는 능력

니콜로 마키아벨리의 『군주론』은 권모술수의 책으로 악명이 높습니다. 또한 그 악명 덕에 살아 있는 고전이기도 합니다. 그러나 잘 읽어보면, 권모술수 이상의 것들을 발견할 수 있습니다. 국가 보존의 원칙, 권력과 금력의 속성, 권력의 합리적 사용법, 정치적 다양성의 문제, 갈등의 조정, 평민의 자유, 생명체로서 인간의 특성, 그리고 무엇보다도 현대적이라고 할 수 있는 '변화에 대한 인식'입니다. 변화는 『군주론』 전체를 관통하는 주제라고 할 수도 있습니다.

만물은 변합니다. 우리 일상도 변합니다. 인생무상이란 말이 있듯이, 삶이 삶이기 위해서도 삶은 변화합니다. 다른 한편 우리가 일상에서 만나는 다수의 사람들은 변화를 달가워하지 않고 거부하기까지 합니다. 우리 삶에는 다양한 '관성'이 있기 때문입니다. 습관, 관습, 타성, 반복되는 것이 주는 편안함, 기존의 것이 주는 확신감이 삶에서 정지마찰력으로 작동하기 때문입니다.

마키아벨리도 인간은 쉽게 변화를 받아들이지 못한다고 합니다. 시대와 상황의 "변화에 맞추어 스스로 유연하게 행동할 줄 알 만큼 분별 있는 사람을 발견하기 어렵다"라며 현실을 직시합니다. 그 이유는 "타고난 기질에서 벗어나지 못하거나" "일정한 방식으로 행동함으로써 성공 가도를 걸어온 사람의 경우 바로 그 행동 방식을 버리도록 자신을 설득하지 못하기 때문"이라고 합니다. 곧 자기 자신의 변화에 실패하기 때문이라고 합니다.

그럼에도 능력 있는 군주는 '자기 스스로 변화할 줄' 아는 사람이라고 주장합니다. 그러면 운명이 변하더라도 자신이 먼저 적절히 변화해 있기 때문에 변덕스러운 운명에 맞설 태세가 되어 있다고까지 주장합니다. 마키아벨리에게는 '자신의 변화' 또는 '자기 혁신'이야말로 환경 변화와 운명의 장난에도 맞설 수 있는 능력인 것입니다. 이를 주장하는 대목에서 그는 "본성을 바꾼다면"

이라는 표현까지 씁니다.

요즘 '본판 불변의 법칙'이라는 해학 가득한 시사용어도 있습니다. 하지만 마키아벨리의 입장에서는 국가의 통치자라면 이 법칙(?)을 극복하는 능력과 지혜를 발휘해야 합니다. 그의 시대에 군주는 최고 절대 권력자이기 때문에 더욱이 '불가능할 것 같은' 변화의 능력과 지혜를 요구하는 것입니다. 그것이 또한 나라를 유지하고 보존하는 길이기 때문입니다.

대다수의 경우, 권력의 정점에 있는 최고 통치자가 자기 변화를 이루지 못하거나 시도하지도 못하는 이유는 무엇보다도 자신이 곧 권력이기 때문입니다. 자기 스스로 권력으로부터 자유롭지 못하기 때문입니다. 권력의 노예가 되어 있기 때문입니다. 권력은 권력을 가진 자를 부패시킨다는 격언을 무색하게 하려면, 최고 통치자 자신이 스스로를 변화시킬 수 있는 활력 넘치는 생명체여야 합니다. 또한 생명력 넘치는 상태를 유지하도록 평소 자신을 갈고 닦아야 합니다.

자신의 존재적 본질을 권력으로 인식할 때, 생명체로서 인간의 모습은 일그러지고 활력은 소멸하기 시작합니다. 권력은 인간이라는 생명체가 정치 공동체를 유지·보존하기 위해 사용하는 한시적 도구입니다. 여기에 마키아벨리식 '권력 사용법'의 진의가 있습니다. 그의 사상은, 자기 성찰 없이 권력을 추구하는 자들에게 "너 자신을 알라!"라고 했던 소크라테스의 경고, 플라톤이 주창했던 '지혜로운 왕'의 개념, 수신修身과 치국治國이 단계성의 개념이 아니라 항시 함께해야 할 동시적 소임이라는 『대학大學』의 가르침과 일맥상통하는 것입니다.

타인은 타인입니다

온 나라를 시끄럽게 했던 예술계의 성폭력 사건에는 '왜곡된 가족주의'가 깔려 있다는 비판이 있습니다. 연극단원들이 '다 같이 함께 먹고 자면서' 연극 연습을 했다고 합니다. 예술 감독은 가부장적 위계 속에서 '아버지 역할'을 하며 극단을 이끌었다고 합니다. 어처구니없게도 이런 집단의 결속 속에서 위력에 의한 성관계가 은폐되어왔다는 겁니다.

가족이 아닌 사람들이 '가족'을 구성하기는 말처럼 쉽지 않습니다. 그런데도 우리 관습에는 타인에게 '가족처럼 지내자'라는 말을 쉽게 하는 경향이 있는 것 같습니다. 회사명에 가족을 붙여

'○○ 가족'이라는 말을 거리낌 없이 쓰기도 합니다.

사회의 다양한 인간관계를 가족 관계로 치환하고자 하는 욕구에는 가족이 인간 공동체의 이상형이라는 전제가 깔려 있습니다. 그러나 가족은 수적으로 작은 규모일지라도 매우 복합적인 인간관계를 내포하는 공동체입니다. 가족 개념이 내포하는 '관계의 미덕'도 다양한 해석이 가능합니다.

일반적 사회관계를 형식적인 가족 관계로 치환하는 사람들은 관계의 친밀감을 내세우지만 사실 집단을 결속시키고 위계질서를 강화하려는 목적을 가진 듯 보입니다. 실제로 우월적 지위에서 남에게 못된 짓을 한 사람이 자신의 잘못을 '가족의 이름으로' 변명하기도 합니다. 공관병을 마구 부린 장군의 부인은 "자식같이 생각해서" 그랬다고 하지 않았습니까. 직원을 구타한 금융기관의 장은 "자식을 가르치는 마음으로 때렸다"라고 하지 않았습니까. 우리는 호칭에서도 사회관계의 호칭을 가족 구성원 사이의 호칭으로 치환합니다. 병원, 상점 등 공공장소에서 나이 든 사람을 '아버님', '어머님'이라고 부릅니다. 이모, 언니, 오빠라는 호칭도 남발되고 있습니다. 이런 호칭들이 꼭 좋은 뜻으로 쓰이는 것 같지도 않습니다.

가족주의적 관습의 배경에는 아주 미묘한 의식의 왜곡이 숨겨져 있기도 합니다. 동네의 자율 방범대원 일에 자원 봉사하는 것은 귀감이 되는 행동입니다. 한 인터뷰에서 기자가 봉사하는 분에게 힘들지 않느냐고 물었습니다. 대원은 망설임 없이 답했습니다. "동네 사람들을 내 가족처럼 대하면 힘든 걸 잊고 봉사할 수 있지요." 이런 개별적 사례는 그 자체로 미담입니다. 하지만 이를 시민 정신의 맥락으로 가져와 보면 미묘한 지점을 발견하게 됩니다. 남을 가족처럼 대할 때 베풀 수 있다는 뜻이 되기 때문입니다.

우리가 타인을 배려하고 다른 사람들을 위해 봉사하는 것은 그들이 가족이 아니라 바로 '남'이기 때문입니다. 그 사람은 타인 그 자체로 존재 의미가 있고 인간으로서 존엄이 있는 겁니다. 다른 사람들을 가족처럼 대할 게 아니라, 남처럼 대해야 합니다. 이웃을 친하다고 가족으로 대할 게 아니라 이웃이라는 '의미 있는 타인'으로 대해야 합니다. 합숙하는 연극단원 개개인도 '연극촌 가족'이 아니라 각자 남이기 때문에 일상생활에서 서로 존중하고 세심한 배려를 해야 합니다.

철학자 에마뉘엘 레비나스는 '나'라는 주체성을 '타인을 받아들임'으로 정의합니다. 남을 타인 그 자체로 받아들이기 위해서는 남을 가족의 일원이 아니라 남으로 인정해야 합니다. 가족의 개념이 고귀할지라도 타인의 개념을 대체할 수는 없습니다. 타인을 가족으로 치환하거나 그 범주에 포함하려 할 때, 그 의도가 무엇이든 타자성은 상실됩니다. '나' 또는 가족이라는 '편협한 우리'만 남고 다른 사람들은 없어지는 것이지요. 곧 사회관계가 사라지는 겁니다.

　가족의 개념으로 다양한 인간관계를 대체해 버릇하면 가족의 이름을 가진 집단 이기주의적 공동체만 우리 의식 속에 뿌리내립니다. 바로 여기에 '남을 가족처럼 돌보는' 피상적 도덕성의 함정 또한 있는 겁니다. 예술촌의 성폭력 사건에서 자율 방범대원 인터뷰까지 동떨어진 것 같지만, 다양한 방식으로 왜곡된 가족주의의 함정이란 공통분모는 꽤 넓어 보입니다.

사소한 것들의 구원

미학하는 사람 김용석의 하루의 사고

지은이   김용석

2019년 4월 5일 초판 1쇄 발행

책임편집   홍보람
기획·편집   선완규·안혜련·홍보람
디자인·드로잉 형태와내용사이

펴낸이   선완규
펴낸곳   천년의상상
등록   2012년 2월 14일 제2012-000291호
주소   (03983) 서울시 마포구 동교로45길 26 101호
전화   (02) 739-9377
팩스   (02) 739-9379
이메일   imagine1000@naver.com
블로그   blog.naver.com/imagine1000

ⓒ 김용석, 2019

ISBN   979-11-85811-83-3 03100